KB0968801

인간이란 무엇인가

Mark Twain

시대를 뛰어넘어 인간을 토론하다

What is Man

인간이란 무엇인가

마크 트웨인 지음 | 노영선 옮김

이가서
Leegaseo publishing

《인간이란 무엇인가》에 대하여

　새뮤얼 랭혼 클레멘스(Samuel Langhorne Clemens)가 마크 트웨인(Mark Twain)이라는 필명을 쓰기 시작한 것은 스물여덟 무렵이었다. 마크 트웨인이란 증기선의 수심을 측정하는 선원의 외침소리로써 안전항해 수심 약 3.7미터를 뜻한다.《톰 소여의 모험》,《허클베리 핀의 모험》,《왕자와 거지》 같은 작품으로 우리에게 친숙한 마크 트웨인은 미국문학사에서 독특하고 독자적인 큰 산으로 자리잡고 있다.

　어니스트 헤밍웨이, 윌리엄 포크너 같은 미국 현대작가들에게 마크 트웨인은 밤하늘의 북극성과 같은 존재였다. 게다가《황무지》로 유명한 모더니즘 문학의 대표라 할 수 있는 T. S. 엘리어트는 '마크 트웨인은 자기 자신뿐만 아니라 모든 작가에게도 새로운 창작 방법을 발견해낸 작가 가운데 한 사람'이라고 했다. 마크 트웨인의 연보로 보면《인간이란 무엇인가》는 마크 트웨인의 마지막 작품이 된다. 일흔한 살에 출간된 이 작품을 끝으로 마크 트웨인은 4년 후 세상과 유명을 달리했기 때문이다.

　《톰 소여의 모험》이나《허클베리 핀의 모험》과 같은 작품을 놓고 볼 때《인간이란 무엇인가》는 좀 낯설고 혼란스러운 작품이다. 톰 소여나

허클베리 핀처럼 뗏목을 타고 미시시피 강을 따라 모험 여행을 맛보는 재미는 이 작품 어디에도 없다. 그럼에도 이 작품을 읽게 하는 마력은 뭘까? 그것은 인간탐험의 노정에서 만나는 인간의 재발견일 것이다. 거기서 느껴지는 감정의 폭과 울림은 넓고도 깊다. 이 작품은 대화를 통해 상대방의 막연하고 불확실한 지식을 진정한 개념으로 유도하는 이른바 소크라테스의 산파법産婆法을 차용한 철학소설이라고 할 수 있을 것이다.

결론까지 포함하여 6개의 장으로 구성된 《인간이란 무엇인가》는 '인간은 기계와 같다'라고 규정한 노인의 명제에 이르기 위해 개개의 사실을 예로 하여 귀납적으로 대화를 풀어간다. 따라서 노인과의 대화 상대로서 이 작품에 등장하는 단 한 사람의 젊은이는 노인의 문하생이기도 하고, 수행을 함께하는 도반 같기도 하며 한편으로는 자신의 논리로 유감없이 노인을 반박하는 대척점이기도 하다.

외부로부터의 힘(외부적인 영향력), 교육과 훈련, 인간관계, 기질과 사고, 본능, 자기만족과 인정욕구, 충동(동기부여)은 《인간이란 무엇인가》를 떠받치는 중심어다.

노인은 말한다. "인간은 철저히 외적인 영향들에 의해서 움직이고 지시되고 명령을 받게 된다네. 그는 아무것도 이끌어내지 못한다네. 심지어 생각조차도." 그리고 계속해서 "셰익스피어는 아무것도 창조하지 못했네. 그는 올바르게 관찰했고 놀라울 만큼 잘 그린 것이야. 그는 신이 창조해낸 사람들을 정확하게 묘사했을 따름이지, 그 자신은 아무것도 창조하지 못했네. …… 그는 나와 자네처럼 단순한 기계톱이 아니라 벽걸이용 융단을 짜는 직조기였다네. 실과 아름다운 빛깔들은 외부로부터 그에게 왔네. 즉 외적인 영향들, 제안들, 경험들(독서, 연극을 보거나 공연을 하는 것, 여러 아이디어를 차용하는 것 등)이 그의 머릿속에 틀을 잡게 하고 복잡하고 감탄할 만한 기계장치를 작동시켜 세상이 놀랄 만한 생생하고 멋진 직물을 생산해낸 것이라네. 만약 셰익스피어가 척박하고 사람이 가지 않은 바위섬에서 태어나 자랐다면 그의 위대한 지성도 외적 재료들을 가지지 못해 아무것도 만들어내지 못했을 것이네. 즉 외부적인 영향력들, 가르침들, 가치 있는 영감靈感들이 없었다면 어떤 것도 만들어내지 못했을 거라는 말이네." 이러한 노인의 주장은 21세기를 사는 현대인에겐 오히려 점잖은 편이다. 속도를 지향하는 산업과 미디어의 놀라운 발달은 전적으로 외부로부터의 힘으로 작동한다. 모든 말과 사물이 첨단산업과 미디어에 의해서 다양한 형태로 융합되거나 가공 분리되어 인간 앞에 나타날 때 그것은 곧 새로운 상품으로 둔갑된다. 그리고 온갖 미디어를 동원시킨 새로운 상품의 광고는 요술방망이처럼 인간의 의식을 조작하고 왜곡시켜 구매충동의 정점을 찍는다. 이쯤 되면 노인의 말은 더욱 단호해진다. "바로 여기까지지. 우리 인간은 자신들에게 잘못된 이름으로 된 많은 자질들을 부여해주고 있다네. 바로 사랑, 미움, 자선, 동정, 탐욕, 관대함 등등 말일세. 즉 내 말은 각각의 속성에 잘못된 이름을 붙이고 있다는 것이네. 그것들은 모두 자기만족이라는 또 다른 형태에 불과한 것이며, 변장에 너무나 능해 우리로 하여금 사실을 간파하지 못하게 하지. 또한 우리는 자기희생이라는 교묘한 단어를 사전에 몰래 들여온 것이지. 허나 그 단어는 사실 존재하지 않는 것을 뜻하고 있다네. 그러나 그보다 더 나쁜 것은 모든 인간의 행동을 명령하고 강요하는 유일한 충동은 무시하며 결코 언급하지 않는다는 것이지. 그 충동이란 어떠한 사태에서도, 또한 어떤 대가를 치르고서라도 자신의 인정을 받으려는 욕구라네. 우리 인간의 존재는 이것에서 비롯된다 할 수 있네."

사람들은 흔히 기질과 교육이 행동에 미치는 영향을 두고 논쟁을 벌인다. 가치와 효용적인 측면에서 교육은 기질의 한계를 벗어나지 못한다. 그것은 인간 자신에게 손해를 끼치느냐 이익을 가져다 주느냐 하는 결과 이외에는 어떤 것도 중요하지 않다. 그럼에도 우리는 교육의 필요성을 절감한다. 타고난 기질이 선하든 악하든 인간 자신이 스스로 만족하면서 이웃과 지역사회에 혜택을 줄 수 있는 바람직한 행동은 교육의 속성으로 가치와 효용성을 충분히 보장한다. 이렇듯 기질과 교육을 강조하는 노인의 말에 젊은이는 그 의미를 묻는다. "학문, 가르침, 강연, 설교를 뜻하는 것이냐고? 물론 그것들도 일정 부분을 차지하지만 모든 것은 아니네. 내가 말하는 교육은 모든 외부적인 영향력을 일컫는 것이네. 그것은 아주 엄청나게 많아 무덤에서 요람까지 그리고 깨어 있는 모든 시간 동안에 인간은 교육을 받고 있네. 그 중에서도 최고의 교육자는 인간관계지. 그것은 인간의 정신과 감정에 영향을 주고, 인간에게 이상을 제공하고, 인생의 여정을 떠나게 하고, 그 길을 계속 걷게끔 하는 인간적 환경을 말하는 것이네. 만약 그가 그 궤도에서 이탈한다면 그가 가장 사랑하고 존경하는 사람들과, 가장 가치를 두는 그들로부터 멀어지는 자신을 발견하게 될 것이네. 주변의 색깔을 따라 그의 본성도 바뀌게 되네. 즉 카멜레온과 같다고 할 수 있지."

사고思考는 외부로부터 받은 인간들을 기계적이고 자동으로 조합하여 어떤 추론을 이끌어낸다. 그렇다면 사고 이전에 본능에 대한 정의는 무감각해진 사고다. 한때는 깨어 있었으나 굳어진 습성에 의해 죽어버린 의식이다. 그러므로 본능이란 무의미할 뿐만 아니라 잘못된 단어이다. 인간을 혼란스럽게 하고 불규칙한 습관이나 충동으로 인간의 규칙을 깨는 인간에겐 나쁜 습관으로서의 본능이라 할 수 있다.

따라서 사고는 어떤 대상에 대한 오랜 관찰과 기억력을 조합한 추론과 유추의 결과인 것이다. 자유의지라는 것도 단어상으로 존재할 뿐 허구이다. 자유의지는 인간이 만족하는 대로 행동하는 구속받지 않는 힘을 의미하지만, 자유로운 선택은 두 가지 사물이나 대상 사이에서 옳고 그름에 대한 비판적 능력인 정신적인 과정이다. 그렇지만 자유로운 선택 또한 거기까지가 한계이다. 인간은 단지 타고난 기질과 교육, 그리고 환경에 의해 만들어진 기계이기 때문이다.

물질적인 열망(가치)과 정신적인 열망(가치)을 놓고 볼 때, 물질적인 열망은 없다. 모든 열망은 정신적인 것이다. 오직 인간 안에 내재하는 정신만을 만족시킬 것을 요구한다. 내재하는 주인은 어느 것도 필요하지 않으며 어떤 문제도 그의 관심을 끌지 못한다. 만약 내재하는 주인이 돈을 탐낸다면 분명히 물질적인 것으로 천박하게 보이겠지만 전혀 그렇지 않다. 돈이라는 것은 단지 하나의 상징에 불과할 뿐이다. 그것은 눈에 보이는 구체적인 형태로서 정신적인 욕망을 나타낸다. 인간이 원하는 이른바 물질적인 모든 것은 오직 상징적인 것이다. 물질(돈)이 그 순간 인간의 정신을 만족시켜 주기 때문에 그것을 원하는 것이지 물질(돈) 자체는 아니다. 따라서 인간에게 단 한순간이라도 모든 것이 지니는 유일한 가치는 결국 내재하는 정신적인 가치이다. 만약 그러한 목적이 정신적인 것이 아니라면 그와 동시에 모든 것은 무가치한 것이 되고 만다.

우리는 몸과 마음(정신)의 통합적인 주체를 '나'라고 한다. 그러나 우리가 '나'를 정의하려고 노력할 때 우리는 그렇게 할 수 없다는 것을 알게 된다. 지성과 감정은 확연히 서로가 독립적인 행동을 할 수 있기 때문이다. 우리는 그 점을 인식하고 있으며 그러한 지성과 감정의 주인으로서 명확하고 의문의 여지가 없는 '나'로서의 역할을 할 수 있다.

우리가 '나'라는 대명사를 사용할 때 우리로 하여금 우리가 의미하는 것이 무엇이고 무엇에 관해 말하고 있는지를 알게끔 해주는 주재자를 찾으려고 한다. 그러나 우리는 그것을 포기해야 하고 그런 존재를 발견할 수 없다는 것을 인정하게 된다. 그러므로 노인에게 있어서 인간이란 도덕적 그리고 정신적인 메커니즘으로 구성된 기계인 것이다. 이러한 메커니즘은 타고난 기질과 수많은 외부적인 영향력과 교육의 축적에 의해서 만들어진 내재한 주인의 충동에 따라서 자동적으로 행동을 한다. 뿐만 아니라 인간이란 내적인 주인의 욕망들이 선하든 악하든 그 주인의 정신적인 만족을 보장해주는 것이 유일한 기능으로써 기계이며,

그것의 의지는 절대적으로 순종적이어야 하며 순종되어야 하는 기계여야 한다. 그럼 '나'라는 것은 '영혼'이 아닐까? 아마 그럴 수도 있겠지만 영혼이란 무엇인가? 라고 반문할 때는 어느 누구도 대답할 수 없다. 그밖에는.

젊은이의 반론

심사숙고한 끝에 나는 당신의 이론에 동의할 수 없다. 너무 극단적이다. 만약 당신의 이론이 출판된다면 모든 인간에게 해害가 될 것이다. 인간은 이제껏 인간 스스로가 가장 경이로운 창조물로 배워왔다. 그리고 그것을 믿고 있다. 인간이 문명이든 야만이든 모든 시대를 통해 그것을 의심해본 적이 없었다. 그러한 사실이 인간을 기쁘게 하고 인간의 삶을 활기차게 만들었다. 인간이 인간 스스로에 대한 자부심과 인간 스스로에 대한 진실한 경외심과 인간 스스로의 능력으로 이룩했다고 여기는 업적에서 느끼는 기쁨과 만족, 그리고 이러한 업적들이 불러일으키는 찬양과 격려, 이 모든 것이 인간으로 하여금 점점 더 높이 비상하게끔 인간의 사기를 고양시키고 인간을 열중하게 하며, 인간으로 하여금 희망과 야망을 갖게 만들었다. 한 마디로 인간의 삶을 살 만한 가치가 있는 것으로 만들었다. 그러나 당신의 이론에 따르면 이 모든 것은 사라지고 만다. 인간은 단순한 기계로 전락하고 아무것도 아닌 존재가 되며 인간의 고귀한 자부심은 보잘것없는 허영심으로 시들어버리게 된다. 인간이 아무리 노력한다할지라도 초라하고 어리석은 상황에서 벗어날 수 없는 것이다. 그리하여 인간은 다시는 결코 행복해지지 못할 것이며 인간의 삶은 살 만한 가치를 잃게 될 것이다.

이 작품에서 노인의 스케치는 뚜렷하고 강렬하다. 마치 중세 유럽의 견고한 성 안 군주와도 같이 '인간은 기계다'라고 선언하듯 주장한다. 그것은 또한 《허클베리 핀의 모험》의 맨 처음을 장식하는 경고문 같기도 하다.

경고문

이 이야기에서 어떤 동기를 찾고자 하는 자는 기소할 것이다. 이 이야기에서 어떤 교훈을 찾고자 하는 자는 추방할 것이다. 이 이야기에서 어떤 플롯을 찾고자 하는 자는 총살할 것이다.

— 작가의 명령에 따라, 군사령관 G. G.

이 경고문을 《인간이란 무엇인가》에 적용하면 이렇게 되지 않을까?

경고문

인간이 기계라는 것을 의심하는 자는 기소할 것이다.

인간이 기계라는 것을 반박하는 자는 추방할 것이다.

인간이 기계라는 것을 소각하는 자는 총살할 것이다.

— 노인의 명령에 따라, 군사령관 G. G.

한편 젊은이는 흐릿한 실루엣이거나 여름 풋과일 같은 동양화의 여백처럼 다가온다. 물론 노인의 말에 나름대로 반론을 제기하지만 어디까지나 자기주장과 논리가 보이지 않는 소박하고 조심스러운 항의 정도에 그치고 만다. 그것은 아마 젊은이의 앞날을 생각하는 작가의 배려가 아닐지 싶다. 왜냐하면 젊은이에게 미래란, 보다 나은 인간적인 삶과 모험으로 가득 찬 생生의 창창한 바다였을 테니까.

그리고 당시 미국의 시대적 정신과 배경을 담았을 백 년 전의 이 작품이 오늘날 어쩔 수 없이 첨단과학 기기에 의존해 사는 우리에게 아직도 얼마나 유효하며, 무엇이 어떻게 우리에게 투영되는지의 판단은 온전히 독자의 몫이라고 본다.

2020년 8월

노영선

마크 트웨인Mark Twain

1835~1910

1

기계로서의 인간,
사람으로서의 가치

인간을 잘 아는 자들은 누구인가? 철학자들인가? 아니다. 그들은 자신의 편견을 통해 인간을 볼 뿐이다. 차라리 미개인이 더 건전하다. 철학자들은 자신의 악덕을 느끼면서 그 악덕에 분개한다. 그러니까 분개하는 방식조차 선하지 못하다. 하지만 미개인은 우리를 향해 냉정하게 이렇게 말한다. "당신들은 모두 미친 인간"이라고.

— 장 자크 루소

Mark Twain

노인과 젊은이가 대화를 하고 있었다. 노인은 인간은 단지 기계일 뿐 그 이상도 이하도 아니라고 단언했다. 젊은이는 그 말에 반대하며 노인에게 좀 더 자세하게 이유를 말해달라고 했다.

노인:　중기기관은 어떤 물질로 만들어지는가?

젊은이: 철, 강철, 놋쇠, 백금 등으로 만들어집니다.

노인:　그 물질들은 어디서 발견되는가?

젊은이: 바위 속에서요.

노인:　순수한 상태로 말인가?

젊은이: 아니요, 원광석 상태로요.

노인:　그렇다면 그 금속들은 갑자기 원광석이 되었는가?

젊은이: 아니요, 그것은 오랜 세월 동안 조금씩 이루어진 인내의 결과로 원광석이 되었지요.

노인: 그렇다면 자네는 바위 자체로 엔진을 만들 수 있는가?

젊은이: 만들 수는 있으나 쓸모없는 것이 되기 쉽겠지요.

노인: 자네도 그런 엔진 따위는 그다지 필요 없다고 생각한다는 얘기구먼.

젊은이: 그렇지요. 실질적으로 아무런 쓸모도 없지요.

노인: 그렇다면 쓸모 있는 엔진을 만들기 위해 자네는 어떻게 일을 진행하겠는가?

젊은이: 우선 산에 터널이나 구멍을 파고 발파장치를 하여 철광석을 얻고, 그것을 부수고 녹여 선철銑鐵로 만들지요. 그런 다음 베세머[1] 제강법을 이용하여 그것을 강철로 만들지요. 또다시 산을 파고 전과 같이 처리하고 여러 금속들을 합해 놋쇠로 만들지요.

노인: 그런 다음에는?

젊은이: 이런 과정을 완벽히 거친 후에 훌륭한 엔진이 만들어지는 거지요.

노인: 그렇다면 자네는 그 과정을 여러 번 거쳐야겠네?

젊은이: 당연히 그렇지요.

노인: 그 엔진이 선반旋盤, 드릴, 자동대패, 펀치, 광을 내는 기계, 즉 한마디로 거대한 공장의 정밀한 기계들을 움직일 수 있는가?

---

1. Sir Henry Bessemer, 1813~1898. 영국의 기사(技師)·발명가. 베세머 제강법을 발명해 철강업에 획기적인 발전을 가져왔다.

젊은이: 그렇습니다.

노인:　돌로 만든 엔진으로는 무엇을 할 수 있는가?

젊은이: 아마 기계톱 정도는 움직일 수 있겠지만 그 이상은 아니겠지요.

노인:　인간은 결국 금속제 엔진에 감탄하며 열광적으로 칭송한다는 말인가?

젊은이: 그렇습니다.

노인:　돌로 만들어진 것은 아니라는 말이로군?

젊은이: 그렇지요.

노인:　금속 엔진의 장점들이 돌로 만든 엔진보다 훨씬 우위에 있다는 말인가?

젊은이: 물론입니다.

노인:　그렇다면 그 엔진에 인간적인 가치들은 있는가?

젊은이: 인간적인 가치라니요? 무슨 말씀이신가요?

노인:　엔진이 인간적인 의미에서 그것 자신이 실행한다는 신뢰를 받을 자격이 있느냐는 말일세?

젊은이: 그 엔진이 말인가요? 물론 그럴 수는 없겠지요.

노인:　그것은 왜 그런가?

젊은이: 왜냐하면 엔진의 실행은 인간적인 것이 아니기 때문입니다. 그것은 만들어진 대로 결과를 창출해내기 때문이지요. 할 것 하는 것을 장점이라고 할 수는 없지요. 할 수 없이 그것을 하는 것이니까요.

노인:　돌로 만들어진 엔진이 별 쓸모가 없는 것도 그 엔진의 실수는 아

니라는 말이로군?

젊은이: 물론이고말고요. 그것은 단지 그 엔진의 구조가 허락하고 시키는 것만 할 따름입니다. 인간적인 것과는 전혀 상관없으며 선택의 여지도 없습니다. 여기까지의 토론과정에서 인간과 기계가 결국 같으며 둘다 인간적인 가치가 없다는 주장이 어르신의 생각이었는지요?

노인: 그렇다네, 그렇다고 기분 상해하지는 말게나. 기분 상하게 할뜻은 전혀 없었네. 그렇다면 돌로 만든 엔진과 강철 엔진의 차이를 만드는 것은 무엇인가? 그것을 훈련 또는 교육이라 부를까? 아니면 돌로 된 엔진은 야만인이고 강철 엔진은 문명인이라고 부를까? 그 최초의 암석은 강철 엔진이 될 물질과 더불어 많은 유황과 돌, 그리고 고대의 지질시대에서부터 전해진 타고난 방해물질들(우리는 이것들을 편견들이라고 부르세)을 포함하고 있다네. 그 암석 자체는 이러한 편견을 제거할 힘도, 없애려는 욕망도 갖고 있지 못하다네. 이 말을 적어두려나?

젊은이: 예, "그 암석 자체는 편견을 제거할 힘도 없애려는 욕망도 갖고 있지 못하다." 계속하시지요.

노인: 이 편견은 외부의 힘에 의해서만 제거된다네. 그렇지 않으면 절대 없어지지 않는다네. 이것 또한 적어두게.

젊은이: 잘 적고 있습니다. "외부로부터의 힘에 의해서만 제거되어져야한다." 그러고는요?

노인: 자기 자신에게서 암석을 없애려는 것에 반대하는 철의 편견을보세. 좀 더 정확하게 표현하자면 암석이 제거되거나 제거되지 않거나

철은 아무런 관심도 없겠지. 그래서 그때 외부로부터 힘이라는 것이 작용하여 암석을 갈아 가루로 만들고 그 안의 원광석을 자유롭게 만든다네. 하지만 철은 여전히 원광석 안에 갇혀 있고, 이때 또 외부로부터의 힘이 작용하여 원광석을 용해시켜 철을 자유롭게 해주는 것이라네. 해방된 철은 더 심화된 과정에 관심이 없겠지만 이때 또 외적인 힘이 철을 베세머 용광로에 집어넣어 그것을 최고 품질의 강철로 제련하는 것이지. 즉 철은 교육된 것이지. 물론 그 교육은 완전한 것이고, 더불어 철은 철의 한계에 도달하게 되었네. 하지만 철은 바로 어떤 교육과정에 의해서도 황금이 될 수는 없네. 잘 받아 적고 있나?

젊은이: 그럼요. "모든 사물은 한계를 가지고 있고 철은 아무리 교육을 받는다 하더라도 황금으로 변할 수는 없다."

노인: 인간 가운데에서도 황금형 인간, 양철형 인간, 구리형 인간, 납 인간, 그리고 강철형 인간 등이 있다네. 각각의 이러한 인간들은 그들의 본성, 유전적인 것, 교육, 환경에서 한계점을 가지고 있네. 이러한 각각의 금속들로부터 엔진들을 만들 수가 있고 이 엔진들 모두 기능을 수행할 수는 있지. 그러나 강한 엔진이 해야 할 일을 약한 엔진이 하게끔 요구해서는 안 된다네. 모든 경우에서 최고의 결과를 얻기 위해서는 방해하고 있는 편견을 교육을 통해 자유롭게 해주어야만 하네. 그 교육이란 용해시키고 제련하는 등등의 것을 의미하네.

젊은이: 지금 인간에 대해서 얘기하시려는 것인지요?

노인: 그렇다네. 인간이란 기계 역시 비인간적인 엔진에 불과하지. 어

떤 사람이든 그 사람의 됨됨이 그리고 유전적인 것들, 거주지, 사회적인 관계가 가져오는 영향들에 의해 규정이 된다네. 인간은 철저히 외적인 영향들에 의해서 움직이고 지시되고 명령을 받게 된다네. 그는 아무것도 끌어내지 못한다네, 심지어 생각조차도.

젊은이: 오 이런! 갑자기 어르신이 지금 말씀하신 이 모든 것이 어리석다는 생각이 드는 것은 왜일까요?

노인: 자네가 그렇게 생각하는 것도 무리는 아니지. 그러나 자네가 그렇게 생각하고 있는 생각의 조각들도 자네가 만들어낸 것은 아니라네. 그것은 선조들의 머리와 가슴으로부터 자네가 물려받은 머리와 가슴, 그리고 자네가 읽었던 수천 권의 책과 수많은 대화에서 얻어진 생각, 감명, 그리고 감정의 단편들에 지나지 않다네. 자네 개인적으로는 그 생각의 최소한 만큼도 만들어내지 못한다네. 뿐만 아니라 자네가 빌려 온 재료들을 조합하는 얼마 안 되는 능력마저도 자네의 것이라고 주장할 수가 없지. 그 조합은 엄격한 구조의 법칙에 따른 마음이라는 기계에 의해 자동적으로 이루어진 결과이지. 그 기계장치도 자네 자신이 만든 것은 아니고 자네는 그것에 대해 명령할 권리도 없다네.

젊은이: 너무 하시는군요. 어르신의 말씀은 제가 그런 틀에 짜인 생각만 할 수 있다는 건가요?

노인: 그럼, 자네는 스스로 할 수 있다고 생각하는가? 결코 그렇지 못하다네. 자네는 그런 것을 형상화할 수도 없고, 자네의 기계가 숙고熟考할 필요도 없이 자동적으로 그리고 즉각적으로 그런 것을 하는 것이라네.

젊은이: 만약 제가 숙고를 한다면 그때는 어떻게 되는 건가요?

노인: 그럼 한번 해보게나.

젊은이: (15분쯤 후에) 해보았습니다.

노인: 자네의 생각을 바꾸려는 실험을 해보았다는 뜻인가?

젊은이: 예, 그렇습니다.

노인: 성공했는가?

젊은이: 아닙니다. 생각을 바꾸지 못했습니다.

노인: 유감이네만 자네 자신도 자네의 마음이 단지 기계일 뿐, 그 이상이 아니라는 것을 알았을 것이네. 자네는 마음에 대한 명령권이 없고, 마음 또한 그 자체에 대해 명령권이 없으며, 순전히 외적인 조건에 의해 움직일 뿐이라네. 그것이 모든 기계의 법칙이라네.

젊은이: 그러면 제가 자동으로 돌아가는 기계와 같이 제 생각의 어떤 부분도 바꿀 수 없다는 뜻인가요?

노인: 그렇다네. 자네 자신은 그렇게 할 수가 없고 외부적인 영향력만이 그렇게 할 수 있네.

젊은이: 오직 외부적인 영향력만이요?

노인: 그렇다네. 오직 외부적인 영향력만이 그렇다네.

젊은이: 그 입장에 동의할 수가 없는데요. 감히 말씀드리지만 바보스럽다 하실지 몰라도 할 수가 없습니다.

노인: 왜 그렇게 생각하는가?

젊은이: 단지 그렇게 생각할 것이 아니라는 점을 분명히 알고 있습니다.

가령 제가 어떤 생각을 하고 그러한 생각을 바꾸려는 의도에서 공부하고 독서를 합니다. 그래서 성공했다면 그것은 외부의 영향력에 의한 것이 아니라 제 개인적인 성취입니다. 왜냐하면 제가 그 계획을 생각해 냈으니까요.

노인: 조금도 그렇지 않다네. 그것은 나와의 대화에서 생겨난 생각 아닌가. 만약 나와 대화하지 않았다면 자네의 그 계획이란 것도 생겨나지 않았을 테니까 말일세. 어떤 인간도 무언가를 창조해낼 수는 없네. 그의 모든 생각들, 충동들은 외부에서 주어지기 때문이네.

젊은이: 이 주제는 기분을 언짢게 하는군요. 어쨌든 최초의 인간은 고유한 생각을 가지고 있지 않았을까요. 생각을 이끌어낼 누군가가 그 앞에는 전혀 없었을 테니까요.

노인: 잘못 생각한 것이네. 아담의 생각도 외부에서 왔네. 자네는 죽음의 공포를 가지고 있지. 자네가 그 공포를 만들어낸 게 아니라 외부로부터, 대화와 가르침으로부터 그것을 얻은 거라네. 아담은 죽음의 공포를 갖고 있지 않았네.

젊은이: 아니요, 그는 가지고 있었습니다.

노인: 그가 창조되었을 때 말인가?

젊은이: 아니요.

노인: 그럼 언제인가?

젊은이: 그가 죽음의 공포로 위협을 느꼈을 때일 겁니다.

노인: 그렇다면 그것도 외부에서 온 것 아닌가. 아담은 꽤 훌륭했지.

그렇다고 그를 신격화해서는 안 되네. 오직 신만이 외부로부터가 아닌 자신만의 생각을 가질 수 있는 것이라네. 아담은 좋은 머리를 가졌겠지만 외부적인 영향력으로 가득 채워졌을 때에만이 좋은 머리가 그에게 쓸모가 있는 것이지. 그의 머리로는 가장 사소한 것조차 발명해낼 수가 없었을 것이네. 그는 선과 악의 차이에 대해서 전혀 알고 있지 못했다네. 그는 그 개념을 외부로부터 얻어야 했네. 아담과 이브 어느 누구도 벗은 채로 다니는 것이 수치스럽다는 생각을 해낼 수가 없었지. 그 지식은 외부의 사과(선악과)와 함께 왔네. 인간의 두뇌는 그렇게 만들어져서 그것이 무엇이든 아무것도 창조해낼 수가 없는 것이라네. 단지 외부에서 얻은 재료를 이용할 수 있을 뿐이지. 그것은 단지 기계일 따름이며 의지에 의해서가 아니라 자동적으로 일을 하는 것이라네. 인간의 두뇌는 그것 자체에 대한 명령권이 없으며 그것의 주인인 인간 또한 두뇌에 대한 명령권이 없다네.

젊은이: 그럼 아담의 경우는 그렇다 치고요, 셰익스피어의 창작품의 경우에는요?

노인: 아니지, 그 말은 셰익스피어의 모방에 관한 것을 의미하는 것이겠지. 셰익스피어는 아무것도 창조하지 못했네. 그는 올바르게 관찰했고 놀라울 만큼 잘 그린 것이야. 그는 신이 창조해낸 사람들을 정확하게 묘사했을 따름이지, 그 자신은 아무것도 창조해내지 못했네. 그렇다고 그에게 비난하지는 말게나. 셰익스피어는 단지 기계였을 뿐 아무것도 창조할 수 없었네. 기계는 창조를 할 수가 없지.

젊은이: 그렇다면 그의 탁월함은 어디에 있나요?

노인: 그는 우리처럼 단순한 기계틀이 아니라 벽걸이용 융단을 짜는 직조기였다네. 실과 아름다운 빛깔들은 외부로부터 그에게 왔네. 즉 외적인 영향력들, 제안들, 경험들(독서, 연극을 보거나 연극을 공연하는 것, 여러 아이디어들을 차용하는 것 등)이 그의 머릿속에 틀을 잡게 하고 복잡하고 감탄할 만한 기계장치를 작동시켜 세상이 놀랄 만한 생생하고 멋진 직물을 생산해낸 것이라네. 만약 셰익스피어가 척박하고 사람이 가지 않은 바위섬에서 태어나 자랐다면 그의 위대한 지성도 아무런 외적 재료들을 가지지 못해 아무것도 만들어내지 못했을 것이네. 즉 외부적인 영향력들, 가르침들, 가치 있는 영감靈感들이 없었다면 어떤 것도 만들어내지 못했을 거라는 말이네. 터키에서 태어났다면 그는 터키의 영향력, 사회관계, 최고의 교육수준의 어떤 것을 만들어냈을 것이네. 프랑스에서라면 좀 더 훌륭한, 프랑스의 영향과 최고의 교육수준의 무언가를 창출해냈을 것이네. 영국에서 그는 그 땅의 이상들, 영향들, 그리고 교육이 가져다주는 외부적인 도움으로 최고 수준의 것을 창안해냈네. 자네와 나는 단지 기계틀일세. 우리는 우리가 할 수 있는 것을 만들어내면 되네. 그러기 위해서 우리의 노력을 다하는 것이고 벽걸이용 융단을 짜내지 못한다고, 생각 없이 우리를 나무라더라도 전혀 신경 쓸 필요가 없네.

젊은이: 결국 우리는 기계에 불과하다는 말씀이군요! 그리고 기계란 자기가 한 것에 대해 자랑하지도 자랑스러움을 느끼지도 못한다는 말씀이군요. 뿐만 아니라 개인적인 가치, 박수나 칭찬도 주장할 수가 없다는

얘기군요. 그것은 참으로 심한 교리教理네요.

노인: 교리가 아니라 단지 사실이라네.

젊은이: 그렇다면 용감해지는 것이 겁쟁이가 되는 것보다 가치가 없다고 생각해야 하나요?

노인: 개인적인 가치를 말하는 것인가? 없다네, 용감한 사람이 그의 용감함을 만들어내는 것이 아니기 때문일세. 그는 그 용기를 지닐 개인적인 권한을 부여받지 못했네. 타고난 것이지. 가령 한 아기가 수십억 달러를 갖고 태어난다면 거기에 인간적인 가치가 있는 것인가? 반면에 빈손으로 태어난 아기는 인간적인 결점이 있다고 할 수 있는가? 돈이 많은 아이는 많은 추종자들에 의해 추앙받고 존중되나 빈손으로 태어난 아이는 무시당하고 경멸을 받는다는 것이 말이 되는가?

젊은이: 그렇지만 종종 겁 많은 사람이 스스로의 비겁함을 극복하고 용감해지려는 목표를 정해 용감해지는 경우가 있습니다. 그것에 대해서는 어떻게 생각하시는지요?

노인: 그것은 잘못된 방향에서 올바른 방향으로 이행하려는 훈련의 가치를 보여주는 예일세. 올바른 방향의 훈련, 영향, 교육은 평가할 수 없을 만큼 가치가 있는 것이라네. 그 훈련이란 자기의 이상을 고양시키기 위한, 자기 자신을 인정하는 것을 의미하네.

젊은이: 아니요, 가치를 얘기하는 것입니다. 비겁함을 극복한 성공한 겁쟁이의 계획과 성취에 대한 인간적인 가치 말입니다.

노인: 거기에는 어떤 가치도 존재하지 않네. 세속적인 견해로 보자면

그는 전보다 좀 더 훌륭한 사람이 됐을 뿐이라네. 그는 변화를 달성한 것이 아니고 변화했더라도 그 가치가 그의 것은 아니라네.

젊은이: 그렇다면 누구의 것이라는 건가요?

노인: 그의 구조와 그 구조에 미친 외부로부터의 영향력이지.

젊은이: 그의 구조라는 것이 무슨 의미인지요?

노인: 우선 그는 완전한 겁쟁이가 아니었네. 만약 그랬다면 외적인 요인들도 작용할 수가 없었을 테니까 말일세. 그는 아마 황소는 무서워했는지 몰라도 암소는 두려워하지 않았고, 여자는 무서워하지 않았지만 남자는 두려워했다네. 바로 그 점이 외부의 힘이 작용할 수 있는 요인이 되었을 것이고, 그것이 열매를 맺게 하는 씨앗이 되었던 거라네. 씨앗이 없으면 모든 식물도 있을 수가 없지 않나. 그럼 그 씨앗은 그 스스로가 만들었을까 아니면 태어나면서부터 존재했을까? 씨앗을 갖고 태어난 것도 그의 능력은 아니라네.

젊은이: 글쎄요, 어쨌든 그 씨앗을 길러야겠다는 생각, 그리고 그렇게 해야겠다는 결심은 그의 능력이지 않나요? 그가 그 생각을 해낸 것이니까요.

노인: 그는 그런 것을 하지 못하네. 그 결과는 좋든 나쁘든 모두 외적인 영향에 의해서 비롯된 것이라네. 만약 그 겁 많은 사람이 평생을 겁쟁이들 세계에서 살며 용감한 행위에 대해 읽지도 그런 행위에 대해 듣지도 또한 누군가가 용감한 행위에 대해 칭찬하거나 그것을 행한 영웅들에 대한 부러움을 들어본 적이 없다면, 아담이 정숙함에 대해 전혀 몰

랐듯 그도 또한 용감함에 대해서는 전혀 알 수가 없었을 것이네. 그래서 그가 용감해지려는 결심을 하는 일 따위는 절대로 일어나지 않았을 것이네. 그가 용감해지겠다는 생각을 해낸 것이 아니라 외부에서 그에게 들어온 것이라네. 그리하여 그는 용기 있는 행동은 격찬되고 비겁한 행동은 비웃음을 산다는 사실을 알았을 때 깨달았을 것이라네. 그리고 그는 부끄러움을 느낀 거지. 아마 그의 연인이 콧방귀를 뀌며 그에게 "나는 당신이 겁쟁이라고 들었어요"라고 말했을 수도 있겠지. 그렇다면 결심을 한 것은 그가 아니라 바로 그녀였던 거지. 그는 용감한 행동을 그의 능력이라며 뽐내며 걸어 다녀서는 안 된다는 것일세. 왜냐하면 그의 능력이 아니었기 때문이지.

젊은이: 그러나 어쨌든 그녀가 그 씨앗에 물을 뿌린 후에 그가 그 식물을 기르지 않았나요?

노인: 아니지. 외적인 힘이 그 식물을 길러낸 것이지. 예를 들어 한 남자가 명령을 받고 전쟁터에 몸을 떨면서 나간다 치세. 물론 혼자가 아니라 밤낮으로 다른 병사들과 함께 있겠지. 즉 그에게는 표본이라는 영향력이 있고 그 표본인 동료 병사의 용기에서 힘을 얻어 용감해지는 것이라네. 그는 무서워서 달아나고 싶지만 감히 그렇게 하지를 못했네. 왜냐하면 다른 모든 병사들이 지켜보는 가운데 도망가는 것이 두렵기 때문일세. 자네가 보다시피 그는 계속 행군을 하고 있다네. 그것은 신체적인 부상의 두려움을 도덕적인 수치심이 누르기 때문이지. 종군의 끝무렵에서는 전쟁터에 나간다고 해서 모두가 부상을 입는 것은 아니라

는 경험을 하게 되는데 이 또한 외부적인 힘이 그에게 도움을 주는 대목이기도 하지. 뿐만 아니라 전쟁에 지친 연대가 깃발을 휘날리고 드럼을 연주하면서 숭배하는 군중을 지나쳐 행군할 때 그들의 용맹이 칭송되고 목 메인 소리로 환호성을 듣는다는 것이 얼마나 황홀한지를 깨닫게 될 걸세. 그 후에 그는 군대의 고참만큼이나 확실하게 용감해지는 걸세. 이 부분 어디에서도 그의 개인적인 능력의 흔적은 찾을 수가 없지. 이 모든 것은 외부로부터 비롯된 것이기 때문이라네. 빅토리아 십자훈장이 그것보다 더 많은 전쟁영웅들을 길러내고 있지만 말이야.

젊은이: 그만하시지요. 아무런 이득도 없는데 용감해지는 게 말이 되나요?

노인: 자네의 그 질문에 대한 답을 곧 얻을 걸세. 그 이야기는 우리가 아직 다루지 않은 인간의 구조에 관한 세부적인 것들을 포함하고 있네.

젊은이: 그 세부적인 것이라는 게 무엇인가요?

노인: 사람으로 하여금 무엇인가를 하게끔 하는 힘일세. 그것은 유일한 것이라네.

젊은이: 유일한 것이라고요! 오직 그것뿐인가요?

노인: 그렇다네, 그것뿐이라네.

젊은이: 글쎄요, 확실히 그것은 이상한 주장이시군요. 사람을 움직이는 그 유일한 충동은 무엇인가요?

노인: 그것은 인간 자신의 정신을 만족시키려는 욕구일세. 즉 그 자신의 정신을 만족시키는 것과 그 정신의 승인을 얻으려는 필요성이라네.

젊은이: 오, 그렇게는 안 됩니다.

노인:　왜 안 된다는 것인가?

젊은이: 그렇게 따지면 인간은 언제나 자기 자신의 안락과 이득만을 찾는다는 것인데요. 하지만 이타적인 사람은 자신이 불리함에도 불구하고 순전히 다른 사람의 이익을 위해 일을 하지 않습니까.

노인:　그것은 자네가 잘못 생각한 것이라네. 그러한 행위도 그에게 이득을 가져다주어야만 행해지네. 그렇지 않다면 그는 그런 일을 절대로 하지 않을 걸세. 그는 아마 온전히 다른 사람을 위해서 일을 한다고 생각할지 모르나 사실은 그렇지 않다네. 그는 그 자신의 정신을 최우선으로 만족시키고 있는 것이네. 나머지 다른 사람의 이득은 언제나 그 다음이어야 하네.

젊은이: 아주 괴상한 생각이시군요! 그럼 자기희생이란 것은 어떻게 되나요? 이 점에 대해서도 대답해주시지요.

노인:　자기희생이란 것이 무엇인가?

젊은이: 자기 자신에게는 전혀 이득이 되지 않음에도 불구하고 다른 사람에게 선행을 베푸는 것이지요.

2

인간의 유일한 충동,
그것은 그 자신의 인정을 받는 것

인간이라는 사실을 인정받지 못하는 것만큼 화가 나는 일은 없다.
— 요한 볼프강 폰 괴테

Mark Twain

노인: 자네가 생각하기에 앞서 자네가 얘기한 그런 실례가 있는가?

젊은이: 실례요? 수백만 개나 되죠.

노인: 단번에 결론에 도달하려는 것은 아니겠지? 그러한 예들을 비판적으로 검토해보았는가?

젊은이: 그럴 필요도 없습니다. 드러나지 않은 훌륭한 동기를 행위 자체가 보여주고 있으니까요.

노인: 가령 예를 든다면?

젊은이: 여기 이 책에 나와 있는 경우를 예로 보도록 하지요. '어떤 남자가 3마일 떨어진 마을에 살고 있었습니다. 시간은 한밤중이고 날씨는 매우 춥고 눈이 심하게 내리고 있었지요. 그가 막 마차를 타려고 할 때 비참함 그 자체인 초라한 백발의 할머니가 배고픔과 죽음으로부터 구

원을 요청했습니다. 그 남자는 자신의 주머니에 마지막 남은 25센트 은화를 망설임 없이 그 할머니에게 주고 집을 향해 눈보라 속을 터벅터벅 걸어갔습니다.' 이 장면이 얼마나 고귀하고 아름답습니까! 이 행위에는 자신의 이득이라는 것은 추호도 없지요.

노인:　어떻게 그렇게 생각하는가?

젊은이: 그렇지 않으면 달리 생각할 방법이 있나요? 혹시 다르게 보는 관점도 있다고 생각하시는지요?

노인:　자네가 그 남자라 가정하고 그가 무엇을 느끼고 생각했는지를 말해주겠는가?

젊은이: 간단하죠. 고통 받고 있는 할머니의 얼굴이 심한 아픔이 되어 그의 관대한 가슴을 관통했지요. 그는 그러한 고통을 참을 수가 없었지요. 눈보라 속을 3마일 걸어가는 것은 견딜 수 있겠지만 그 불쌍한 할머니가 죽게 내버려 두었다면 그의 양심은 너무 괴로워 고통을 참을 수 없었을 것입니다. 그는 아마 그 생각만으로도 잠을 이루지 못했을 테니까요.

노인:　집으로 가고 있을 때 그의 마음은 어떠했을까?

젊은이: 오직 자신을 희생할 줄 아는 사람만이 느끼는 기쁨의 상태였겠지요. 그의 마음은 너무 기뻐 차가운 눈보라조차 전혀 의식하지 못했을 테니까요.

노인:　그는 자기 자신이 잘했다고 느꼈을까?

젊은이: 누구라도 그랬겠죠.

노인:　얘기를 매우 잘했네. 자, 그럼 세부적으로 들어가서 25센트 대

36

신 그가 얼마나 많은 것을 얻었는지를 보세. 그가 그런 투자를 한 진짜 이유 말일세. 첫째로 그는 그 고통 받는 노파의 얼굴이 그에게 주는 괴로움을 참을 수가 없었던 것이네. 그래서 이 선량한 남자는 자신의 고통을 생각했지. 그는 그 고통 때문에 약이라도 먹어야 했겠지. 만약 그가 노파를 도와주지 않았다면 그의 양심은 집으로 가는 내내 그를 고통스럽게 했을 것이네. 그래서 그는 다시 한 번 자신이 받을 고통을 생각했지. 그는 그런 고통을 덜어줄 무언가를 사야 했지. 만약 그가 노파를 구해주지 않았다면 그는 한숨도 잠을 이루지 못했을 것이네. 자네도 알다시피 그는 자신의 평안한 잠자리를 사야만 했네. 즉 요약하자면 그는 그 자신에게 극심한 고통으로부터 해방된 그의 마음을, 양심의 고문으로부터 자유를, 그래서 그날 밤의 온전한 수면을 사주었네. 이 모든 것을 단돈 25센트로 말이네! 이 정도면 월가(미국의 뉴욕 금융시장의 중심지)의 금융가들이 무색할 정도 아닌가? 집으로 오면서 그의 심장은 기쁨으로 가득 차면서 노래를 부르고 있었네. 이거야말로 일석이조, 아니 일석삼조가 아닌가! 그 남자로 하여금 노파를 돕게 한 충동은 첫째로 자신의 마음을 만족시키는 거였고, 두 번째가 그 노파의 고통을 덜어주는 것이었네. 인간의 행동은 하나의 중심적인 그리고 바뀌지 않는 충동에서 비롯되는가? 아니면 다양한 충동에 의해 일어나는가?

젊은이: 물론 다양한 충동에서 비롯되는 것이지요. 어떤 것들은 고매하고 훌륭하고 고귀하지만 그렇지 못한 것들도 있지요. 어르신의 생각은 어떠한지요?

노인:　　그렇다면 단 하나의 근원인 법칙이 있는 것이지.

젊은이: 가장 고귀한 충동이나 가장 저급한 충동이 같은 원인에서 비롯된다는 건가요?

노인:　　그렇다네.

젊은이: 그 법칙이란 것을 설명해 주시겠는지요?

노인:　　알겠네, 이것이 법칙이니 명심해 두게나. 인간이란 요람에서 무덤까지 오직 한 가지 목적을 위해 일하는데, 그것은 바로 그 자신을 위해서 마음의 평화와 영혼의 평안함을 추구하는 것이네.

젊은이: 오 맙소사! 다른 사람의 정신적, 육체적인 평안함을 위해서는 결코 아무것도 하지 않는다는 건가요?

노인:　　그렇다네. 제일 먼저 자신의 정신적 평안함을 얻는다는 명백한 조건이 없다면 그는 결코 그러한 일을 하지 않는다네.

젊은이: 그 주장이 잘못되었다는 것을 보여주는 예를 어렵지 않게 찾을 수 있겠는데요.

노인:　　가령 예를 들면?

젊은이: 고귀한 열정인, 나라를 사랑하는 애국심을 예로 들어보겠습니다. 평화를 사랑하고 고통을 두려워하는 한 남자가 자신의 집과 눈물짓는 가족을 뒤로 한 채 배고픔과 추위와 부상, 그리고 죽음이 기다리고 있는 전쟁터로 향하고 있다면, 그것이 정신적인 평안함을 추구하는 것인가요?

노인:　　그가 평화를 사랑하고 고통을 두려워한다고?

젊은이: 그렇습니다.

노인: 그렇다면 아마도 그가 평화를 사랑하는 것보다 더 사랑하는 무언가가 있을 것이네. 그것은 바로 이웃과 대중의 인정이라는 것일 걸세. 그리고 아마도 고통보다 더 두려워하는 무언가가 있을 것이네. 이웃들과 대중의 비난이지. 만약 그가 수치심에 민감하다면 그는 전쟁터로 나갈 것이네. 그의 마음이 전쟁터에서 편해서가 아니라 집에 남아 있는 것보다는 더 편안해서라네. 그는 언제나 그에게 최대의 마음의 평안을 가져다주는 것만 하네. 그것이 바로 그의 인생 법칙이지. 눈물 흘리는 가족을 뒤로 하고 그들의 마음을 편치 못하게 하는 것에 대해서 안타깝게 생각을 하지만 그들의 마음을 편하게 하기 위해서 그 자신의 평안을 희생하라는 것은 안타까움과는 비교도 안 되는 엄청난 것이라네.

젊은이: 어르신은 정말로 그렇게 생각하시는지요? 단지 대중의 의견이 겁 많고 평화로운 남자를……?

노인: 전쟁으로 내몰 수 있느냐고? 그렇다네, 여론이란 사람들로 하여금 어떤 일이든지 하게 만들 수 있다네.

젊은이: 어떤 것이라도요?

노인: 그렇다네, 어떤 일이라도 말일세.

젊은이: 저는 그 말을 믿지 못하겠습니다. 그렇다면 대중의 생각 때문에 올바른 원칙을 가진 사람이 잘못된 일도 할 수가 있다는 건가요?

노인: 그렇지.

젊은이: 그럼 친절한 사람이 잔인한 일도 할 수가 있다는 건가요?

노인: 그렇다니까.

젊은이: 한번 예를 들어 주시지요.

노인: 알렉산더 해밀턴[2]은 남달리 고결한 인물이었지. 그는 결투를 종교의 가르침에 위배되는 잘못된 것이라고 여겼네. 그러나 그는 여론 때문에 결투를 했다네. 그는 자신의 가족을 끔찍이 사랑했지만 대중의 인정을 받기 위해 그들을 배반하듯 버리고 그의 목숨을 내던져버렸지. 어리석은 세상의 호감을 사기 위해서 그의 가족들을 평생 슬픔 속으로 던져놓고 말일세. 대중적인 명예와 결투를 거절하는 불명예 속에서 그는 결코 자유로울 수가 없었던 것이네. 그의 마음의 평화를 방해할 때는 종교적인 가르침, 가족에의 헌신, 자상함과 고결함, 이 모든 것들은 아무런 의미가 없어지네. 인간이란 자신의 마음의 평안을 얻기 위해서는 그것이 무엇이든, 어떤 것이든 한다네. 그러한 목적이 없이는 결코 강요되거나 설득되지 않는다네. 해밀턴의 행동도 자기 마음을 만족시키려는 인간 본연의 필요에 의한 것이었지. 이는 그의 삶뿐만 아니라 모든 인간의 행동에도 마찬가지로 작용한다네. 이제 문제의 본질이 보이는가? 인간이란 자기 자신이 인정하지 않으면 결코 평안할 수가 없다네. 어떤 대가와 모든 희생을 치러서라도 최대한 가능하게 그것을 얻으려고 한다네.

젊은이: 방금 전에 해밀턴은 대중의 인정을 받기 위해 결투를 했다고 말

---

2. Alexander Hamilton, 1757~1804년. 미국의 정치가. 건국 초기의 인물로 중앙집권주의의 강력한 지지자였다. 정적과 결투하다 죽었다.

씀하셨지요?

노인: 그랬네. 만약 그가 결투를 거절했다면 자신의 목숨도 지켰을 것이고 가족도 불행해지지 않았을 것이네. 그러나 현세에서나 내세에서나 그의 눈에는 대중의 인정이 훨씬 더 가치가 있었던 거지. 자기 자신에게 가장 큰 마음의 평안과 최고의 자기 인정을 가져다주기 위해서 모든 다른 가치를 희생한 것이네.

젊은이: 그러나 간혹 결투를 거절하고 용기 있게 세상의 경멸과 맞선 고귀한 사람들이 있지 않았습니까.

노인: 그들은 자신의 인격에 따라 행동을 한 것뿐이라네. 그들은 사회의 인정보다는 그들의 원칙과 가족의 가치에 더 중심을 두었다네. 자신에게 가장 가치 있는 것을 택하고 나머지 것들은 과감히 버린 것이지. 그들 자신에게 최대의 개인적 만족과 인정을 가져다주는 것을 선택한 것뿐이라네. 인간이란 언제나 그렇다네. 대중의 여론이라도 그런 종류의 사람들을 전쟁에 나가게 할 수는 없지. 그들이 전쟁터로 나간다면 그것은 다른 이유 때문이라네. 바로 자신의 마음을 만족시켜 주는 이유 말일세.

젊은이: 언제나 마음을 만족시켜 주는 이유에서인가요?

노인: 그것 외에 다른 것은 없다네.

젊은이: 그럼 불타는 건물에서 자기 자신을 희생하여 어린아이를 구해낸 사람의 경우는 어떻게 생각해야 하나요?

노인: 그가 그렇게 된 이유는 그의 됨됨이 때문이라네. 그는 위험에 처

한 아이를 두고 볼 수가 없었던 거지. 물론 다른 인격을 가진 사람이라면 아니겠지만 말일세. 그래서 그는 그 아이를 구하려고 자신의 목숨을 내놓은 거라네. 바로 그때 그가 추구하는 그 자신의 인정을 받게 되는 것이지.

젊은이: 그럼 사랑, 미움, 자선, 복수, 자애, 아량, 용서에 대해서는 어떻게 생각하시는지요?

노인: 그것들 모두 가장 으뜸이 된 충동의 결과물이라네. 즉 자기 자신의 인정을 받으려는 필요성 말일세. 여러 가지 옷을 입고, 다양한 분위기에서 어떤 모습으로 변장한다고 해도 그는 언제나 똑같은 사람이라는 것이지. 하지만 이렇게 다양하게 모양을 바꾸기 위한, 즉 사람을 움직이게 하는 강한 충동은 단 하나라네. 바로 자기 자신의 마음을 만족시키려는 필요 때문이라네. 그럴 필요가 없어지면 그 사람은 죽은 것과 마찬가지일세.

젊은이: 도무지 이해가 가지 않는군요. 그럼 사랑이란……

노인: 뭐, 사랑이란 것도 가장 비타협적인 형태로 그 법칙을 따르는 충동에 다름 아닐세. 사랑이란 그것의 대상에 인생과 그 밖의 모든 것을 쏟아 붓게 하는 것이라네. 그러나 그러한 행위도 순수하게 그 대상을 위해서가 아니라 사랑 그 자체를 위해서지. 대상이 행복해할 때 그 사랑이란 것도 행복해하며 그것이 바로 무의식적으로 사랑을 추구하는 이유라네.

젊은이: 그럼 가장 숭고하다는 '어머니의 사랑'도 예외는 아니라는 말씀

인가요?

노인: 그렇다네. 그런 사랑이 그 법칙의 가장 첨예한 예라네. 어머니
란 아이에게 옷을 입히기 위해서 자신은 헐벗으며, 아이에게 음식을 먹
이기 위해서 굶주릴 것이며, 자식을 고통으로부터 구하기 위해서 자신
의 고통을 감내할 것이며, 아이를 살리기 위해서 기꺼이 목숨을 내놓을
것이기 때문이라네. 그녀는 이런 희생을 함으로써 살아 있는 보람을 느
낀다네. 그녀는 자기 스스로의 인정과 행위에 대한 만족감 그리고 평화
와 평안 같은 보상을 위해서 모든 희생을 감내한다네. 만약 이와 똑같은
보상을 받을 수 있다면 그녀는 자네의 아이를 위해서도 그와 같은 일을
할 걸세.

젊은이: 그건 정말 지옥 같은 철학이시군요.

노인: 철학이 아니라 사실이라네.

젊은이: 이런 것은 인정하시겠죠, 인간의 행위 가운데에는…….

노인: 아니, 없다네. 크든 작든, 훌륭하든 보잘 것 없든 모든 인간의 행
위는 자신의 마음을 만족시키려는 필요에 의해, 바로 그 하나의 동기에
서 비롯되는 것이라네.

젊은이: 이 세상의 자선가들은…….

노인: 나도 그들을 존경하네. 모자를 벗어 그들에게 경의를 표하네.
그러나 그들도 불행한 사람들을 위해 일하고 돈을 쓰지 않는다면 평안
이나 행복이나 자기 인정이란 것을 느낄 수 없을 걸세. 다른 사람들이
행복해하는 것을 보면서 그들은 행복감을 느낀다네. 그리하여 돈과 스

스로의 노동으로 추구하는 바를 사는 것이지. 왜 인색한 자들은 그와 똑같은 행동을 하지 않은 걸까? 그것은 그들이 자선을 베풀지 않음으로써 천 배 이상의 행복을 얻을 수가 있기 때문일세. 그들은 그들 나름대로의 됨됨이에 충실하고 있는 것뿐일세.

젊은이: 그렇다면 의무를 위한 의무는 어떤가요?

노인: 그런 것은 아예 존재하지도 않는다네. 의무라서 행하는 것이 아니라 의무를 게을리하면 인간을 불편하게 만들기 때문이라네. 인간이란 오직 한 가지 의무만을 수행할 따름이라네. 바로 그의 마음을 만족시키는 것, 그 자신을 기분 좋게 만드는 것이라네. 만약 그가 그의 이웃을 도와주는 것이 그의 의무를 가장 만족스럽게 수행하는 것이라면 그는 그 일을 할 것이며, 반대로 이웃을 속이는 것이 가장 만족스러운 의무라면 그렇게 할 것이네. 그러나 그는 언제나 첫 번째 동기를 찾는 것이 우선이라네. 다른 사람에게 미칠 영향은 부차적인 문제라네. 인간은 자기희생을 하는 척하나 그것은 보통의 의미로 말하자면 존재하지도 존재한 적도 없는 것이라네. 인간은 가끔 오로지 그 밖의 누군가를 위해서 자기 자신을 희생하고 있다고 생각하지만 이것은 그가 속고 있는 순수한 생각일 뿐이지. 그의 가장 근원적인 충동은 그의 본성과 욕구를 만족시켜 주는 것이고 이렇게 해야 그의 영혼은 평화를 얻는다네.

젊은이: 그럼 모든 인간은 선하든 악하든 그들의 양심을 만족시키기 위해 일생을 바친다는 말이로군요.

노인: 그렇지, 그것 참 좋은 명명命名일세. 양심, 그것이야말로 독립적

인 통치자요, 인간 내면의 오만하면서도 절대적인 군주라네. 다양한 종류의 인간이 있기 때문에 각양각색의 양심이 존재한다네. 암살자의 양심은 이런 방법으로, 자선가의 양심은 저렇게, 구두쇠의 양심은 또 그런 방법으로, 그리고 도둑의 양심은 또 다른 방법으로 스스로를 만족시킬 수가 있지. 교육을 제외하고 제대로 규정된 도덕이나 행위의 지침 또는 동기로서의 인간의 양심은 전혀 가치가 없는 것이라네. 나는 자기인정이 결여된 한 켄터키인을 알고 있지. 그는 한 번도 본 적 없는 어떤 사람을 죽이지 못해 괴로웠다네. 어떤 자가 그 켄터키인의 친구와 다투다 친구를 죽였고, 켄터키인이 받은 교육에 의하면 그 살인자를 죽이는 것이 그의 의무였네. 그는 그 일을 회피하며 의무를 게을리 했다네. 그의 단호한 양심이 계속 그를 괴롭혔지. 마침내 그 켄터키인은 마음의 평안과 자기인정을 위해 그 살인자를 찾아내 목숨을 빼앗아버렸네. 그것은 실로 훌륭한 자기희생(보통의 표현대로라면)이라고 할 수 있지. 그가 만약 돈을 들여서라도 마음의 평안이란 것을 살 수만 있었다면 그는 살인을 하지는 않았을 것이네. 왜냐하면 그는 살인을 원치 않았기 때문이지. 그러나 우리 모두는 만족을 위해서라면 어떤 대가도 치를 각오가 되어 있지. 심지어 다른 사람의 목숨까지도 말일세.

젊은이: 방금 전에 교육받은 양심에 대해 말씀하셨지요. 그렇다면 그 말은 우리가 우리를 바르게 이끌 양심을 갖고 태어나지 않았다 의미인가요?

노인: 만약 우리가 그런 양심을 갖고 태어난다면 어린애와 야만인들

도 옳고 그림을 따로 배울 필요가 없을 테지.

젊은이: 그러나 양심은 교육시킬 수 있다고 하셨잖아요?

노인: 그렇지. 당연히 부모, 학교의 선생님, 종교적인 가르침, 그리고 책에 의해서 가능하지. 물론 그들이 할 수 있는 각자의 역할만을 할 따름이겠지만.

젊은이: 그렇다면 나머지 부분은 무엇에 의해서…….

노인: 아, 좋은 것이든 나쁜 것이든 전혀 알 수 없는 무수한 영향력이 있지. 그 영향력은 태어나 죽을 때까지 인간 삶의 매순간에 끊임없이 작용한다네.

젊은이: 그럼 그것들을 도표로 만들어서 보여주실 수 있는지요?

노인: 물론 많은 것을 보여줄 수 있지.

젊은이: 그럼 그 결과를 말씀해주실 수 있는지요?

노인: 물론, 하지만 다음에 말해줌세. 한 시간은 족히 걸릴 테니까 말이야.

젊은이: 그럼 양심은 인간이 악을 피하고 선을 좇도록 교육시킬 수 있나요?

노인: 물론일세.

젊은이: 그러나 오직 자신의 마음을 만족시키고자 하는 이유에서만 가능한가요?

노인: 그 이유 외에는 어떤 것도 교육시킬 수가 없다네. 절대 불가능하지.

젊은이: 그러나 인간의 역사 중 어디에는 분명 자기희생의 기록이 있을 것입니다.

노인: 그래, 자네는 아직 젊고 시간도 많으니 한번 찾아보게.

젊은이: 이런 경우도 있을 것 같습니다. 한 남자가 어떤 사람이 물속에 빠져 허우적대는 것을 보고는 그를 구하기 위해서 위험을 무릅쓰고 강물로 뛰어든다는…….

노인: 잠깐만. 구하려는 남자와 물에 빠진 사람의 관계를 좀 더 자세히 묘사해보게나. 그들 외에 다른 사람이 있는지, 아니면 그들 둘만 있는지도 명확하게 얘기해보게.

젊은이: 그것이 그 훌륭한 행동과 무슨 관계가 있는데요?

노인: 많은 관계가 있다네. 우선 그들이 깊은 밤 인적이 드문 곳에 둘만 있다고 가정해보세.

젊은이: 그렇다고 가정해보시지요.

노인: 게다가 물에 빠진 사람이 그 남자의 딸이라고 한다면?

젊은이: 아니요, 다른 사람으로 하시지요.

노인: 그렇다면 더럽고 술에 취한 불한당이라면 어떨까?

젊은이: 무슨 말씀인지 알겠습니다. 경우에 따라 얘기가 달라진다는 말씀이로군요. 만약 그런 상황이라면 그 남자는 결코 불한당을 구하려 하지 않겠군요.

노인: 그러나 그럼에도 불구하고 그 일을 하려는 사람이 더러 있다네. 가령 자기의 목숨을 걸고 불타는 건물에서 아이를 구하려는 사람이나,

도움이 필요한 노파에게 25센트를 주고 눈보라 속을 걸어가는 남자 말일세. 그렇다면 왜일까? 그들은 어떤 사람이라도 물에 빠져 허우적거리는 것을 그냥 지나칠 수가 없어 돕지 않고는 견딜 수가 없는 것이네. 그렇지 않으면 자신이 괴롭기 때문일세. 그래서 그들은 다른 사람을 구하는 것이네. 그렇지 않다면 그것을 하지 않겠지. 그들은 지금까지 내가 말한 법칙을 충실히 따르고 있는 것이지. 자네는 언제나 그런 사람과 그렇지 못한 사람을 기억하고 분간해야만 하네. 그렇게 하면 많은 자기희생의 진실을 알게 될 테니까.

젊은이: 오 저런, 독단이 너무 심하시군요!

노인: 물론, 그렇지만 사실일세.

젊은이: 그럼 이런 경우는 어떤지요? 어머니를 만족시키기 위해 스스로 원치 않는 것을 하는 착한 아들 말입니다.

노인: 그것도 어머니를 만족시키는 것이 자기 자신을 만족시키는 것이기 때문에 그 행위의 10의 7을 하는 것이네. 그런 이득이 없다면 착한 아들은 그런 행동을 하지 않을 걸세. 그는 그의 철칙에 따를 수밖에 없는 것이네. 어느 누구도 그것을 피할 수는 없지.

젊은이: 그렇다면 불량소년의 경우는……

노인: 굳이 그런 경우를 언급할 필요는 없다네. 시간낭비일 테니까. 불량소년의 경우는 문제가 되지 않으니까. 어떤 행위이든 거기에는 자신의 마음을 만족시켜 주는 이유를 갖고 있다네. 그렇지 않다면 스스로를 잘못 알고 있는 거라네.

젊은이: 그것 참 듣기 거북한 말씀이네요. 조금 전에 인간의 양심은 도덕과 행위의 판별 기준이 아니며 가르침을 받고 교육시켜야 하는 것이라고 말씀하셨는데요. 이제 저는 양심이란 때론 한눈을 팔 수도 태만해질 수도 있지만 그릇된 길로 갈 수는 없는 것이란 생각이 듭니다. 양심을 각성시키기만 한다면요.

:: 짧은 에피소드

노인: 자네에게 짧은 이야기 하나 들려주지.

옛날에 한 무신론자가 어느 기독교 신자의 미망인 집에 손님으로 머문 적이 있었네. 그런데 미망인의 어린 아들은 매우 아파 거의 죽어가고 있었지. 그 무신론자는 종종 침대 곁을 지키면서 소년을 즐겁게 해주었네. 그리고 그는 그 기회를 통해 자신이 옳다고 생각한 이야기를 소년에게 전달했지. 결국 그는 성공했다네. 그러나 소년은 죽음의 순간에 이르러 그를 원망하며 다음과 같이 말했네.

"나에게는 믿음이 있었고 그것으로 행복했습니다. 그런데 당신은 저의 믿음과 평안을 빼앗아버렸습니다. 이제 저에게 남은 것은 아무것도 없고 저는 비참하게 죽겠지요. 당신이 저에게 얘기해주신 것들이 제가 잃어버린 것들을 대신해주지 못하기 때문입니다."

그리고 소년의 어머니 또한 그를 꾸짖으며 다음과 같이 말했네.

"내 아이는 영원히 지옥으로 떨어졌고 내 마음은 찢어질 듯 아파요. 어떻게 이런 잔인한 짓을 할 수가 있나요? 우리는 당신에게 해는커녕 오직 친절만 베풀었어요. 우리 집을 당신 집처럼 편안하게 내주었고 우리가 가진 모든 것도 당신 물건처럼 사용하게 했는데, 이것이 바로 그에 대한 당신의 보답이군요."

무신론자의 가슴도 자기가 한 일에 대한 후회로 가득 차 다음과 같이 말했네.

"제가 잘못했군요, 이제야 알겠습니다. 그러나 저는 단지 아이에게 도움을 주고자 했던 것뿐이었습니다. 제 견해로는 그 아이가 잘못 생각하고 있다고 판단되었으니까요. 그 아이에게 진실을 가르쳐주는 것이 제 의무라고 생각했습니다."

그러자 소년의 어머니가 말했네.

"비록 짧은 생애였지만 저는 아이에게 제가 진실이라고 믿은 것을 가르쳤고, 아이의 그러한 믿음 속에서 우리 둘은 행복했어요. 그러나 지금 아이는 믿음을 잃은 채 죽고 말았습니다. 그리고 나는 지금 비참합니다. 우리의 믿음은 선조들에게서 오랫동안 이어져온 것이었답니다. 당신이, 아니 누구라도 무슨 권리로 그 믿음을 방해하려 하나요? 당신의 명예와 수치심은 다 어디로 갔나요?"

젊은이: 그는 악당이군요. 죽어 마땅합니다!

노인: 그도 자신이 그렇다고 생각하고 그렇게 얘기했다네.

젊은이: 아! 이제 그의 양심은 깨달았겠군요!

노인: 　그렇다네. 그의 자기 부인否認이 각성하기 시작한 거지. 소년의 어머니가 괴로워하는 것을 보니 그도 고통스러웠던 거지. 그는 아이에게 고통을 가져다준 일을 한 것에 대해 마음이 아팠던 거네. 그가 그 아이에게 잘못된 것을 가르치고 있을 때 아이의 어머니를 미처 생각하지 못했네. 그때 그 순간에는 그 자신에게 기쁨을 주는 것에 여념이 없었기 때문이네. 그 기쁨이란 그가 의무라고 믿었던 것을 만족시키는 거였네.

젊은이: 다른 사람은 무어라 생각할지 모르나 저는 그의 양심이 각성했다고 생각합니다. 그렇게 깨우쳐진 양심은 두 번 다시 과오를 범할 수가 없지요. 그는 완전히 깨달은 것이니까요.

노인: 　미안하지만 아직 이야기가 다 끝난 것이 아니라네. 우리는 외부의 힘에 의해 만들어진다네. 우리 스스로는 아무것도 창출해내지 못하거든. 우리가 새로운 생각을 하고 새로운 믿음과 행동을 실천할 때 그 충동은 언제나 외부에서 제안되어지는 거네. 그 아이에 대한 죄책감이 그를 괴롭힌 결과 종교에 대한 그의 냉혹함이 사라지고, 그 아이와 어머니를 위해 마침내 그 자신의 믿음을 찬찬히 살펴보게 되었다네. 그 순간부터 새로운 변화에 대한 그의 발걸음은 순조롭게 진척되어 결국 그는 기독교 신자가 되었네. 그리고 죽어가던 소년에게서 믿음과 구원을 빼앗아버린 것에 대한 죄책감이 훨씬 더 심해졌네. 그로인해 그는 어떤 휴식도, 평화도 얻을 수가 없었지. 어떻게 해서라도 그는 휴식과 평화를 얻고 싶었겠지. 그게 당연한 본성이지. 그곳에 이르는 길은 단 하나밖에 없었네. 그래서 그는 위험에 처한 사람들을 구하는 데 자신을 헌신하

기로 했고 결국 선교사가 되었다네. 그는 아픈 몸을 이끌고 이교도의 나라에 갔다네. 어느 원주민 미망인이 그를 그녀의 초라한 집으로 데리고 가서 잘 보살펴주어 회복시켰다네. 그런데 그때 그녀의 어린 아들이 손을 쓸 수 없는 병에 걸리자 은혜를 입은 선교사는 그녀가 아들을 병간호하는 것을 도와주었지. 그때가 전에 기독교 신자의 미망인 아들에게 저지른 잘못을 일부나마 회복할 수 있는 절호의 기회라고 생각했지. 그리하여 그는 원주민 아이의 그릇된 믿음을 일깨워주는 귀중한 봉사를 했다네. 결국 그는 성공했다네. 그러나 죽어가는 원주민 소년이 마지막 순간에 그를 원망하며 다음과 같이 말했네.

"저에게는 믿음이 있었고 그 믿음으로 행복했습니다. 그런데 당신이 그 믿음과 마음의 평안을 빼앗아 버렸습니다. 이제 저에게는 남은 것이 아무것도 없고 저는 비참하게 죽어가고 있습니다. 왜냐하면 당신이 저에게 해준 얘기들이 제가 잃어버린 것을 대신해주지 못하기 때문입니다."

그리고 또한 원주민 아이의 어머니가 선교사를 꾸짖으며 말했네.

"이제 제 아이는 영원히 지옥으로 떨어졌고 제 마음은 찢어질 듯 아픕니다. 어떻게 당신은 이렇게 잔인한 짓을 할 수 있나요? 우리는 당신에게 해는커녕 오직 친절만 베풀었어요. 우리 집을 당신 집처럼 편안하게 내주었고 우리가 가진 모든 것도 당신 것처럼 사용하게 했는데 이것이 바로 그에 대한 당신의 보답이군요."

선교사는 자기가 한 행동에 대한 죄책감으로 이렇게 대답했네.

"제가 잘못했군요. 이제야 알겠습니다. 그러나 저는 단지 아이에게 도움을 주고자 했던 것뿐이었습니다. 제 견해로는 그 아이가 잘못 생각하고 있다고 판단되었으니까요. 그 아이에게 진실을 가르쳐주는 것이 저의 의무인 줄 알았습니다."

그러자 원주민 소년의 어머니가 말했네.

"비록 짧은 생애였지만 저는 이 아이에게 제가 진실이라고 믿은 것을 가르쳤고 그러한 믿음 속에서 저희 둘은 행복했어요. 그러나 지금 그 아이는 믿음을 잃은 채 죽고 말았습니다. 나는 비참합니다. 우리의 믿음은 선조로부터 오랫동안 이어져온 것이었답니다. 당신이, 아니 누구라도 무슨 권리로 그 믿음을 방해하려 하나요? 당신의 명예와 수치심은 다 어디로 갔나요?"

선교사는 이전의 경우와 마찬가지로 죄책감과 원주민 모자를 배반했다는 극심한 고통으로 마음을 진정시킬 수가 없었네. 이 이야기는 여기서 끝나네. 자네는 어떻게 생각하는가?

젊은이: 그 남자의 양심은 어리석기 그지없군요! 온전치 못한 것이었습니다. 선과 악조차 제대로 구분하지 못했으니까요.

노인: 자네의 말에도 일리가 있네. 만약 자네가 어떤 한 사람의 양심이 선과 악을 분간하지 못한다고 인정한다면 그것은 또한 다른 사람들도 그렇다는 것을 인정하는 것과 같다네. 이 하나의 인정에서 양심의 판단에는 절대 과오가 없다는 원칙을 이끌어낼 수가 있지. 그건 그렇고 자네가 주목해야 할 것이 하나 있네.

젊은이: 그게 무엇인데요?

노인: 이 두 경우에서 그 남자의 행위는 그에게 마음의 불편함을 주지 않았을 뿐만 아니라 만족감과 즐거움을 주었다는 것이네. 그러나 그 후에 그것이 고통을 가져다주었을 때 그는 후회하게 되었던 거지. 남에게 아픔을 주는 것에도 우리는 후회를 하지만 오직 상대의 고통이 우리를 괴롭게 할 때만이라네. 우리의 양심은 우리에게 고통을 줄 때 바로 남의 아픔도 알게 되는 것이라네. 남의 고통이 우리를 불편하게 만들 때까지 타인의 괴로움에 대해서는 절대적으로 무관심한 것이지. 아마 많은 무신론자들이 기독교 신자의 어머니의 고통에 대해서 신경도 쓰지 않았을 것이네. 자네도 그렇다고 믿지 않는가?

젊은이: 그렇습니다. 제 생각에는 평범한 무신론자를 말씀하시는 것 같은데요.

노인: 그렇지. 엄격한 의무감으로 무장된 많은 선교사들은 그 원주민 어머니의 고통에 마음 쓰지 않을 거야. 예를 들어 파크먼[3]에 의해 인용된 초창기 프랑스 통치하의 캐나다의 예수회 선교사들의 일화를 보면 말일세.

젊은이: 그 일화까지는 그만 접어두시고, 대체 어디까지 얘기가 확대되는 건가요?

노인: 바로 여기까지지. 우리 인간은 자신들에게 잘못된 이름으로 된 많은 자질들을 부여해주고 있다네. 바로 사랑, 미움, 자선, 동정, 탐욕,

---

3. Prancis Parkman, 1823~1893. 미국의 역사가. 서부 변경을 여행하며 남긴 기행문이 많다. 여기 나오는 책은 《신세계에서의 프랑스인 선구자들》을 말한다.

관대함 등등 말일세. 즉 내 말은 각각의 속성에 잘못된 이름들을 붙이고 있다는 것이네. 그것들은 모두 자기만족이라는 또 다른 형태에 불과한 것이며, 변장에 너무나 능해 우리로 하여금 사실을 간파하지 못하게 하지. 또한 우리는 자기희생이라는 교묘한 단어를 사전에 몰래 들여온 것이지. 허나 그 단어는 사실 존재하지 않는 것을 뜻하고 있다네. 그러나 그보다 더 나쁜 것은 모든 인간의 행동을 명령하고 강요하는 유일한 충동을 무시하며 결코 언급하지 않는다는 것이지. 그 충동이란 어떠한 사태에서도, 또한 어떤 대가를 치르고서라도 자신의 인정을 받으려는 욕구라네. 우리 인간의 존재는 이것에서 비롯된다 할 수 있네. 그것은 우리의 호흡, 심장, 피와도 같은 것이지. 뿐만 아니라 우리를 유일하게 자극할 수 있는 것이요, 우리로 하여금 할 수 있게 하는 단 하나의 추진력이지. 만약 그 충동이 없다면 우리는 아무런 활력도 없는 시체와도 같을 것이며 세상은 멈추고 말 것이네. 우리는 이 놀랄 만한 힘이 거론될 때 존경심을 갖고 모자를 벗어야만 할 것이네.

젊은이: 저는 잘 납득이 되지 않습니다.

노인: 자네도 곰곰이 생각해보면 이해가 될 거네.

3

적절한 예들

사람의 타고난 기질, 즉 본성은 매우 다양하다. 이처럼 다양한 기질이 다양한 환경을 만나 다양한 모습으로 펼쳐지는 것이 인생이다. 따라서 사람이 한때 견지했던 사상과 언설과 행위만으로 그의 일생을 보여줄 결말을 미리 예단해서는 안 된다. 현재 그의 모습은 그가 타고난 참된 기질이 아니라 현재 처한 환경의 영향에 많은 부분 의지했던 결과이기 때문이다.

— 고다 로한

Mark Twain

노인: 우리가 대화한 후로 자기인정의 복음에 대해 생각해본 적이 있는가?

젊은이: 예, 생각해 보았습니다.

노인: 자네로 하여금 그렇게 생각하게 한 것은 나였지. 즉 엄밀히 말하자면 자네의 머리에서 나온 것이 아니라 외적인 영향력이 그렇게 만든 것이지. 이 점을 명심하길 바라네.

젊은이: 그렇게 하겠습니다. 그런데 왜죠?

노인: 우리의 계속되는 대화 속에서도 계속 나오지만, 자네도 나도 어떤 다른 인간도 그 자신의 머리로는 그 어떤 생각도 창조해내지 못한다는 것을 분명히 해두기 위해서네. 새로운 생각을 말한다고 하나 언제나 이미 낡은 것을 얘기하고 있다는 것이지.

젊은이: 아, 지금…….

노인: 잠깐만. 우리가 그 문제에 대해 다시 토론할 때까지 일단 자네의 의견은 보류해두게나. 자 그럼, 모든 행위는 단지 자기만족이라는 충동에 의해서 비롯된다는 주장에 대해 생각해 보았는가? 연구를 해본 것 같은데 어떤 결론을 이끌어냈는가?

젊은이: 그리 운이 좋았던 것 같지는 않습니다. 소설이나 전기문에서 자기희생의 예들을 검토해 보았습니다. 그러나…….

노인: 자세히 분석해보면 자기희생이 아니었다는 얘기 같군? 원래 그렇다네.

젊은이: 그러나 여기 이 소설에는 제 주장이 옳은 것처럼 보이는 이야기가 있습니다. 애디론댁[4] 산림의 벌목장에 임금 노동자로 일하는 신앙심 깊은 목사가 있었습니다. 어느 날 뉴욕 빈민가의 한 진실한 노동자가 휴가차 그곳에 들렀지요. 그는 대학의 세틀먼트[5]의 리더이기도 했습니다. 그를 만난 벌목 인부인 호옴(깊은 신앙심의 목사)은 거창한 세속적인 욕망을 버리고 벌목장에서 내려가 이스트사이드[6]에 있는 사람들을 구하려는 염원으로 가득 찼습니다. 그는 신의 영광과 예수의 이름으로 희생을 하는 것을 행복으로 여기는 사람이었지요. 그는 벌목 일을 그만두고 기쁘게 이스트사이드로 가서 그를 비웃는 반쯤 문명화된 외국인 거지들

---

4. 뉴욕 주의 한 카운티. 작은 호수의 구릉, 산림 등이 많은 지역이다.
5. 빈민가에 머물며 그 지역의 복지향상을 도모하는 사업단이나 시설을 말한다.
6. 뉴욕 시 맨해튼의 동부지역. 전에는 빈민가로 유명했다.

에게 예수님과 그의 십자가에 못 박히심에 대해 밤낮으로 설교했습니다. 그는 고통의 참회를 알기에 예수님의 말씀으로 그들의 비웃음 속에서도 기뻐할 수 있었지요. 어르신은 이런 모든 행위 이면에 숨겨진, 의심의 여지가 있는 충동을 찾아낼 수 있으리라는 의혹으로 저의 마음을 가득 채우셨지만 다행스럽게도 실패하셨습니다. 이 남자는 자신의 의무를 알았고 오직 그 의무를 위해서 자기 자신을 희생하며 그에게 부과된 짐을 짊어졌습니다.

노인:　자네 여기까지 읽었는가?

젊은이: 그렇습니다.

노인:　좀 더 읽어보게나. 그 자신을 희생하는 것은 그가 생각하고 있던 하나님의 영광을 위해서가 아니라 첫째로 그의 안에 있는 단호한 주인을 만족시키기 위해서였네. 그는 그 밖에 누구를 희생시켰는가?

젊은이: 무슨 말씀이신지요?

노인:　그는 벌목 일을 포기해 겨우 자신의 의식주만을 해결할 수 있었을 텐데, 부양해야 할 가족은 없었는가?

젊은이: 있었습니다.

노인:　그의 자기희생이 얼마만큼 그의 가족들에게 영향을 주었는가?

젊은이: 그 동안 그는 퇴직한 아버지를 부양하고 있었습니다. 또한 그에게는 고운 목소리를 가진 여동생이 있었습니다. 그는 여동생이 자립할 수 있도록 음악 교육을 받게 해주고 있었습니다. 그리고 남동생이 공업학교에 다닐 수 있게 학비를 대주고 있었습니다. 엔지니어의 꿈을 이루

는 데 도움을 주고 있었던 것이지요.

노인: 그럼 그의 늙은 아버지는 그 후로 편안하지 못했겠군?

젊은이: 상당히 그랬겠지요.

노인: 여동생도 음악을 그만 배워야 했나?

젊은이: 그렇습니다.

노인: 그렇다면 남동생도 공업학교를 그만두어야 했을 것이고, 그의 행복한 꿈에도 어두운 그림자가 드리워졌겠구먼. 그리고 남동생은 가족을 위해 제재소에서 막일을 해야만 했다는 뭐 그런 것이로군?

젊은이: 그렇습니다. 그런 일이 일어났습니다.

노인: 아! 이 얼마나 교묘한 자기희생이란 말인가! 내가 보기에 그는 그 자신을 제외한 모든 사람을 희생시킨 것으로 보이네. 내가 어떤 인간도 자기 자신만은 결코 희생시키지 않는다고, 그리고 역사의 기록 어디에도 그런 예는 없다고 말하지 않았던가. 인간의 내적인 지배자가 그 노예인 인간으로 하여금 찰나적이든 영원한 것이든 만족을 요구할 때 그 만족은 반드시 충족되어져야 하고, 어떤 사람이 방해가 되거나 고통을 받더라도 그러한 명령은 꼭 이행된다고 하지 않았던가? 그 남자는 그의 내적인 지배자를 만족시키기 위해 그리고 기쁘게 하기 위해 그의 가족을 희생시킨 것이라네.

젊은이: 예수님의 가르침을 실천하려고 했던 것인데도요?

노인: 물론 그랬겠지. 두 번째 이유로, 첫 번째 이유가 아니라. 그 자신만 첫 번째 이유라고 생각했을 뿐이지.

젊은이: 어르신이 그렇게 생각하신다면 그렇겠지만 그 남자는 자신이 맨해튼에 있는 수백 명의 사람들을 구원했다고 주장할 수도 있지 않을까요?

노인: 그럼 그런 이유로 가족의 희생이 정당화될 수도 있다는 말인가? 그럼 그것을 뭐라 불러야 하나?

젊은이: 투자라 할까요?

노인: 투자라고 할 수는 없지. 차라리 도박이나 투기가 적당하겠지. 오직 한 사람의 영혼을 붙들 수도 없는 것이지. 그는 대박을 꿈꾸었네. 그것이 어찌 도박이 아니란 말인가. 그는 가족을 칩으로 삼은 도박을 했지. 그런데 그 도박의 결과가 어떤지 지켜 보세나. 우리는 그 근원적인 충동을 알아낼 수가 있게 되었네. 그 진짜 충동은 그로 하여금 자기 자신을 희생한다는 미명하에서 그의 가족을 희생하게 만들었다네. 그것도 아주 훌륭하게. 이 책 어딘가에 나왔을 거네. 아, 여기에 있구먼! 어차피 결과는 빠르든 늦든 드러나기 마련이지. 그는 한때 이스트사이드에서 빈민들을 위해 설교했지만 실패하고 마음의 상처와 무너진 자긍심만을 안은 채 예전의 지루한 벌목공 생활로 되돌아갔네. 그렇다면 왜일까? 그의 노력이 예수님의 뜻에 부합하지 않아서였을까? 그런 세부사항은 간과되어 언급조차 되지 않았군. 그것이 동기였다는 것도 완전히 잊혀졌네. 그렇다면 무엇이 문제인가? 이 여류작가는 무의식적으로 그 부분을 놓치고 있네. 그 문제는 다음과 같은 것이네. 이 남자는 단지 가난한 사람들에게 설교를 한 것뿐이지 세틀먼트 방식으로 행한 것은 아

니라네. 그 설교는 고차원적인 것이었네만 구세군의 열변 같은 설교에 열광하는 사람은 많지 않았지. 그런 상황이 호옴에게는 냉정하게 받아들여졌고 그의 마음은 매우 괴로웠지. "뛰어남과 칭찬 그리고 기분 좋게 인정을 받고자 하는 그의 모든 꿈은 사라져버렸네." 그렇다면 그는 누구로부터 인정받고 싶었을까? 예수님으로부터? 아니지, 예수님에 대해서는 나와 있지도 않으니까 말일세. 그렇다면 누구로부터? 바로 도시 빈민과 노동자들에게서였다네. 그렇다면 그가 이것을 원했을까? 아니지. 내부의 주인이 그것을 원했겠지. 그렇지 않으면 만족을 할 수가 없었기 때문일세. 앞서 굵게 강조된 문장은 우리가 찾고 있는 비밀, 즉 근원적인 충동을 폭로하고 있네. 바로 그 근원적인 충동은 이름 없고 보잘 것없는 애디론댁의 벌목공으로 하여금 가족을 희생시키고 이스트사이드로 십자군 원정을 떠나게 만든 것이네. 근원적인 충동이란 그런 것이네. 그는 그것을 알지 못한 채 그 안에 숨겨진 큰 재능을 세상에 보여주고 주목받기 위해서 거기로 갔던 거지. 내가 전에 자네에게 경고했듯이 모든 행위는 단지 하나의 동기, 하나의 법칙에서 비롯된다네. 그러니 자네에게 부탁하건대 이 법칙을 그냥 받아들이지 말고 자네 스스로 부지런히 검토해보게나. 자네가 자기희생의 행위에 대해 혹은 의무를 위해 행해진 의무에 대해 읽거나 듣게 될 때 언제나 그 행위를 분석해서 진짜의 동기를 찾게나. 그것은 언제나 거기에 있으니 말일세.

젊은이: 매일 그렇게 하고 있습니다. 이미 지루한 탐구를 시작하여 어쩔 수 없게 됐습니다. 불쾌하지만 재미있으니까요! 사실상 매력적이기까

지 합니다. 책에서 훌륭한 행위를 발견할 때마다 분석하고 검토하는 저를 저 자신도 어쩔 수 없게 됐습니다.

노인: 혹시라도 이 법칙에 위배되는 것을 하나라도 발견한 적이 있는가?

젊은이: 적어도 아직까지는 없습니다. 그런데 유럽에서 종업원에게 주는 팁의 경우는 어떤가요. 호텔에 돈을 지불했음에도 불구하고 아무것도 빚진 것 없는 종업원에게 우리는 따로 팁을 줍니다. 이런 예가 위배되는 경우가 아닌지요?

노인: 어떤 점에서 그렇다고 생각하는가?

젊은이: 그렇게 하도록 강요받은 적이 없기 때문이죠. 따라서 그런 행위의 근원은 적은 임금을 받는 그들의 처지에 대한 동정이고, 그리고…….

노인: 그러한 관습이 자네를 짜증나고 귀찮게 하고 화나게 하지는 않았는가?

젊은이: 뭐, 그렇지요.

노인: 그럼에도 불구하고 그러한 관습에 따르고?

젊은이: 당연하죠.

노인: 왜 당연한가?

젊은이: 관습이란 어떤 면에서는 법과도 같아서 반드시 복종해야 하고, 의무라고 여겨지니까요.

노인: 그럼 자네는 그 의무를 위해 짜증나는 세금을 내는 것이로군?

젊은이: 예, 그런 것 같습니다.

노인: 그렇다면 자네로 하여금 세금을 내게 한 충동(동기)은 동정, 자선, 관대함이 전부는 아니로군?

젊은이: 아마 그런 것 같습니다.

노인: 그럼 다른 이유가 있나?

젊은이: 그런 행동의 근원을 찾는 데 너무 성급했던 것 같습니다.

노인: 아마 그럴 수 있겠지. 만약 자네가 그런 관습을 무시한다면 훌륭하고 빠른 서비스를 종업원들로부터 받을 수 있을까?

젊은이: 색다른 질문을 하시네요! 유럽의 종업원들에게서요? 아예 기대도 못하겠지요.

노인: 그런 점이 자네로 하여금 세금을 지불하게끔 하는 하나의 충동으로 작용을 한 것일 수도 있지 않을까?

젊은이: 그 점을 부인하지는 않겠습니다.

노인: 그렇다면 명백히 약간의 자기 이익이 가미된 의무를 위한 경우구먼?

젊은이: 물론 그런 면도 있습니다. 그러나 핵심은 이것이지요. 우리는 그 세금이 부당한 것이라는 것을 알면서도 냅니다. 그럼에도 불구하고 만약 우리가 그 불쌍한 친구들에게 인색하게 군다면 마음이 아프겠지요. 그리고 우리는 좋은, 아니 그 이상의 관대한 일을 하기 위해 다시 그 기회가 찾아오기를 진심으로 바랍니다. 저는 이런 충동이 조금이라도 자기 자신을 생각하여 행해진다고 하기 어려울 것 같습니다.

노인: 나는 자네가 그렇게 생각을 하는 것이 더 의아하군. 서비스가 호

텔 계산서에 포함되어 있는 것을 발견할 때 자네는 화가 나지는 않을까?

젊은이: 그렇지는 않습니다.

노인:　계산서의 총액에 대해 불평을 하지는 않을까?

젊은이: 아니요, 그런 일이 일어나지는 않을 것 같습니다.

노인:　그렇다면 그런 지출이 짜증나는 부분은 아니로군. 그것은 정해진 요금이고 자네는 잔소리 없이 즐겁게 지불한다는 것이로군. 그런데 만약 자네가 종업원들에게 돈을 주려고 할 때 각각의 남녀 종업원들에게 일정하게 정해진 요금이 있다면 어떨까?

젊은이: 어떨까라니요? 당연히 기쁠 것입니다!

노인:　그렇게 정해진 액수가 자네가 늘 지불하던 팁보다 많을 때에도?

젊은이: 그럼요, 물론입니다!

노인:　잘 알았네. 내가 이해하기로는 자네로 하여금 봉사료를 지불하게 하는 것은 동정도 의무도 아니네. 자네를 화나게 하는 것은 팁의 액수가 아니네. 그럼에도 불구하고 자네를 화나게 하는 무언가가 있는데, 그것이 무엇인가?

젊은이: 문제는 바로 유럽 전역에서 세금이 달라 얼마를 지불해야 할지 모른다는 것입니다.

노인:　그렇다면 자네가 추정할 수밖에 없다는 얘기로군?

젊은이: 다른 방법은 없습니다. 그래서 계속 생각하고 계산하고, 다른 사람들에게 조언을 구해야만 하는 것이지요. 이런 일들이 밤에 숙면을 방해하고 낮에도 정신을 집중할 수 없게 만들지요. 어떤 광경을 보고 있

어도 계속 그 생각이 나 마음은 불안하고 불편한 것이고요.

노인: 그 모든 것이 자네가 원하지 않는다면 지불할 필요 없는, 그리고 자네가 빚지지도 않은 빚이라는 생각이 아닌가? 그렇게 계속 생각만 하는 목적은 무엇인가?

젊은이: 그들 모두에게 공평한 적절한 액수를 알아내기 위함이지요.

노인: 거기에는 고귀한 면이 있구먼. 자네가 빚진 것도 없는데, 보수가 적은 가난한 종업원에게 정당하고 공평해지기 위해서 많은 수고와 귀중한 시간을 쓰니까 말일세.

젊은이: 그래서 제 스스로 그런 행동의 이면에 어떤 불쾌한 동기라도 있는지 생각해보았지만 발견하기 어려웠습니다.

노인: 자네가 공평하게 지불하지 않았다는 것을 어떻게 알 수 있었나?

젊은이: 그건 종업원이 무뚝뚝하게 대하고 고맙다는 인사도 하지 않으니까요. 이따금 무안하게 하는 표정을 짓기까지 하지요. 그렇다고 사람들이 보는 자리에서 그 자세가 잘못됐음을 지적하기에는 자존심이 허락지 않죠. 그러나 그가 간 뒤에는 그렇게 했어야 하는데 하고 후회를 하지요. 아, 그것에 대한 부끄러움과 고통스러움이란! 어르신도 알다시피, 때때로 적절하게 잘 주었을 때는 그들은 매우 만족한 표정으로 떠나지요. 또 아주 가끔은 그들이 너무 고마워하는 것을 보고 필요 이상의 액수를 주었다는 사실을 깨닫게 됩니다.

노인: 필요라고? 무엇에 대한 필요란 말인가?

젊은이: 그들을 만족시키기 위한 것이지요.

노인: 그럴 때는 기분이 어떤가?

젊은이: 후회되지요.

노인: 내 믿음은 이렇다네. 자네는 그들에게 지불할 정당한 액수를 알아내기 위해 걱정을 한 것이 아니라 단지 얼마만큼이 그들을 만족시킬 수 있는지를 알아내기 위해 걱정했다고. 그리고 자네는 그것을 위해서 자기 자신을 속일 이유가 필요했던 것이고.

젊은이: 그것이 무엇인가요?

노인: 만약 자네가 책정한 액수가 그들이 기대했던 것보다 부족하다면 자네는 대중 앞에서 자네를 무안하게 만드는 그들의 표정을 보게 되겠지. 그리고 그것이 자네에게 고통을 주게 되지. 왜냐하면 그들을 위해서가 아니라 자네 자신을 위해서 한 것이기 때문이네. 그리고 만약 너무 많이 주었다면 그것 때문에 부끄러움을 느낄 테고, 그것이 또 자네를 괴롭힐 걸세. 이 또한 불편함으로부터 자네 자신만을 생각하고 보호하고 구해주는 경우이지. 자네는 종업원에게 인정받는 방법을 생각해내는 때를 제외하고는 그 종업원을 한 번이라도 생각하지를 않는다네. 만약 인정을 받는다면 자네 자신이 인정을 받는 것이고 그것이 바로 자네가 추구하는 단 하나의 유일한 이유라네. 그리하여 자네의 내적인 주인이 만족하고 평안해지는 것이라네. 모든 거래에 있어서 제일의 관심은 이것 이외에 문제가 되는 것은 어떤 것도 없다네.

:: 또 다른 예들

젊은이: 그럼 인간에게 있어 가장 위대한 일, 즉 남을 위한 자기희생이라는 것은 존재하지도 않는다는 것인가요!

노인: 내가 그렇게 말했다고 나를 비난하는 건가?

젊은이: 그렇다고 할 수 있지요.

노인: 나는 그런 것을 말한 적이 없네.

젊은이: 그렇다면 무엇을 말씀하셨는지요?

노인: 어떤 인간도 보통의 문장으로 표현되는, 다른 사람만을 위해서 자기 자신을 결코 희생하지 않는다는 것이네. 사람들은 날마다 다른 사람들을 위해서 희생을 하고 있네만 실은 그 모든 것이 그들 자신을 위해서라네. 그 행위는 첫째로 그들 자신의 마음을 만족시켜야만 하네. 그 행위로 인해 이익을 보는 사람들은 두 번째라네.

젊은이: 그럼 의무를 위한 의무도 같은 경우인가요?

노인: 그렇다네. 어떤 인간도 단지 의무를 위해서만 의무를 수행하지는 않는다네. 그 행위는 첫째로 자신의 마음을 만족시켜야만 하지. 의무를 회피할 때보다 이행했을 때 더 큰 기쁨을 얻어야만 하지. 그렇지 않다면 그는 결코 그것을 하지 않을 것이네.

젊은이: 버클리 캐슬호[7]의 경우는 어떠한지요?

---

7. 버큰헤드(Birkenhead) 호의 오류인 듯하다. 이 배는 1852년 2월 26일, 아프리카 최남단부의 희망봉 근해에서 조난당했다.

노인:　그것은 위대하게 수행된 고귀한 의무였지. 좋다면 자네가 분석해서 검토를 해보거나.

젊은이: 그 배는 군인과 그들의 아내와 아이들을 가득 실은 영국의 수송선이었지요. 그런데 배가 암초에 부딪혀 가라앉기 시작했습니다. 구명보트가 부족하여 여자들과 아이들만 탈 수 있었습니다. 연대장은 연대를 갑판 위에 일렬로 정렬시켜 놓고 '여자와 아이들을 구하기 위해서 죽는 것이 우리의 의무다'라고 말했습니다. 어떤 불평이나 항의도 없었습니다. 부인들과 아이들은 구명보트를 타고 탈출했고, 죽음의 순간이 닥쳐왔을 때 연대장과 장교들은 각각 조를 짜고 사병들은 일제히 어깨총을 하며 서 있었지요. 마치 열병식과도 같이 군기를 나부끼며 큰북을 울리면서 물속으로 침몰했습니다. 숭고한 의무를 위한 희생이었지요. 그렇지 않다고 생각하시는지요?

노인:　매우 훌륭하고 숭고한 행동이었지. 자네라면 그런 상황에서 의연하게 죽을 수 있었을까?

젊은이: 저요? 아니요, 저라면 그렇게 못했을 겁니다.

노인:　생각해보게. 죽음의 물이 점점 차오르는 곳에 있는 자네의 모습을 한번 상상해보게나.

젊은이: 상상이 됩니다. 생각만 해도 너무나 공포스럽군요. 저는 아마 공포를 견뎌내지 못하고 자리에서 이탈했을 겁니다, 분명해요.

노인:　왜 그런가?

젊은이: 그런 데에는 이유가 없습니다. 저는 제 자신을 너무나 잘 알고

있습니다. 절대 그렇게 할 수 없다는 것도 잘 알고 있고요.

노인: 그러나 그렇게 하는 것이 자네의 의무 아닌가?

젊은이: 물론 잘 알고 있지만 저는 할 수 없을 겁니다.

노인: 그 배에는 수천 명 이상의 군인이 있었지만 그들 중 어느 누구도 물러서지 않았네. 그 중에는 자네와 같은 기질을 갖고 태어난 사람들도 분명히 있었을 걸세. 만약 그들이 의무를 위해서 위대한 의무를 할 수 있었다면 자네는 왜 못한다는 말인가? 자네도 천 명의 사원이나 기계공을 모아 갑판에 세우고 의무를 위해 죽어달라고 부탁할 수 있지 않겠나? 물론 이십 명도 끝까지 그 자리를 지킬 수 있을지 모르겠지만 말일세.

젊은이: 물론 저도 그것은 알고 있습니다.

노인: 그러나 자네가 그들을 훈련을 시키고 한두 번 전쟁에 참전하게 한 다음에는 그들도 군인이 될 것이네. 군인으로서의 자존심, 군인으로서의 존경심, 그리고 군인으로서의 이상을 가진 군인으로 말일세. 그러면 그들은 사원이나 기계공으로서가 아니라 군인의 정신을 만족시켜야만 할 것이네. 군인의 의무를 회피하고서는 그 정신을 만족시킬 수가 없지 않은가, 그렇지 않나?

젊은이: 그럴 테지요.

노인: 그렇다면 그들은 의무를 위해서가 아니라 근본적으로 그들 자신을 위해서 그 의무를 다할 것이네. 그 의무라는 것은 그들이 사원이나 기계공이나 신참이었을 때와 마찬가지로 꼭 해야 할 똑같은 의무였지. 그러나 단지 그러한 이유만으로 의무를 수행하지는 않을 것이네. 사원

으로서 그리고 기계공으로서 그들에게는 다른 이상과 충족시켜야 할 또 다른 정신이 있었고 그것을 만족시켰다네. 그들은 그래야만 했지, 왜 냐하면 그것이 법칙이니까 말일세. 훈련이란 강력한 것이라네. 매우 고 귀한 이상을 향한 훈련은 어떤 사람의 생각과 노동과 근면을 쏟아 부을 만한 가치가 있는 것이라네.

젊은이: 고난을 피하기보다 오히려 의무를 이행하기 위해 화형대로 향 하는 사람은 어떤 건가요?

노인: 그것은 그의 본성과 교육 때문이네. 그의 목숨을 걸고서라도 그 안에 있는 마음을 만족시켜야만 하는 것이라네. 매우 신앙심이 깊은 사 람이라도 다른 기질을 타고 났다면 그 의무를 이행하지 못하네. 비록 그 것이 의무라는 것을 잘 알고 있지만 수행하지 못하는 것을 한탄만 하게 되는 것이지. 그러나 그 안에 있는 정신을 만족시켜야만 하네. 어쩔 수 없는 것이지. 그는 그의 정신을 만족시키는 것이 아니기 때문에 의무를 위해서 의무를 수행할 수가 없는 것이네. 왜냐하면 자신의 정신을 만족 시키는 것이 첫 번째여야 하고 그것이 모든 의무에 우선하기 때문이지.

젊은이: 그렇다면 흠잡을 데 없는 도덕의식을 가지고 있는 성직자의 경 우를 한번 보기로 하죠. 그런데 그 사람이 자신이 지지하는 정당의 공천 후보자에 도둑 같은 사람이 올라 있어도 찬성표를 던지고, 상대 정당의 공천 후보자가 아무리 정직하더라도 반대표를 던지는 것입니다.

노인: 그는 자신의 마음을 만족시킬 뿐이라네. 그에게는 공적인 도덕 의식이 없고 자신이 지지하는 정당의 번영繁榮에 문제가 될 때에는 사적

인 도덕의식마저도 사라지게 되는 것이지. 언제나 그는 그의 성질과 받은 교육에 충실할 뿐이라네.

4

훈련과 교육

인간은 교육을 통해 착각을 배웠다. 첫째, 인간은 자신이 불완전한 존재라는 교육을 받았고, 지금도 그렇게 착각한다. 둘째, 인간은 상상을 통해 발전할 수 있다고 교육받았고, 지금까지 공상에 머물러 있다. 셋째, 인간은 동물이 아니라고 교육받았고, 그 결과 동물이 되려고 노력중이다. 넷째, 인간은 '가치'라는 개념에 대해 교육받았고, 스스로 가치 있는 존재라고 착각한다.

— 프리드리히 빌헬름 니체

Mark Twain

젊은이: 어르신은 계속해서 교육이란 단어를 사용하시는데, 그것이 특히 의미하는 것이라도…….

노인:　학문, 가르침, 강연, 설교를 뜻하는 것이냐고? 물론 그것들도 일정 부분을 차지하지만 모든 것은 아니네. 내가 말하는 교육은 모든 외부적인 영향력을 일컫는 것이네. 그것은 아주 엄청나게 많아 무덤에서 요람까지 그리고 깨어 있는 모든 시간 동안에 인간은 교육을 받고 있다네. 그 중에서도 가장 최고의 교육자는 인간관계지. 그것은 인간의 정신과 감정에 영향을 주고, 이상을 제공하고, 인생의 여정을 떠나게 하고, 그 길을 계속 걷게 하는 인간적 환경을 말하는 것이네. 만약 그가 자신의 궤도에서 이탈한다면 그가 가장 사랑하고 존경하는 사람들과, 가장 가치를 두는 관계로부터 멀어지는 자신을 발견하게 될 것이네. 주변의 색

깔을 따라 그의 본성도 바뀌게 되네. 즉 카멜레온과도 같다고 할 수 있지. 이러한 영향들이 그가 좋아하는 것, 싫어하는 것, 정치적인 신념, 그의 취향, 도덕성, 그리고 종교를 창출해내는 것이지. 그 스스로는 이러한 것들 중 어느 하나도 만들어내지 못한다네. 그는 자신이 만들어낸다고 생각하지만 그 문제에 대해 면밀히 검토를 안 했기 때문에 그렇게 생각하고 있는 것이지. 자네는 장로교회의 신자들을 봤지?

젊은이: 많이 봤지요.

노인: 그들은 왜 조합교회의 신자가 아닌 장로교의 신자가 되었을까? 그리고 왜 조합교회의 신자는 침례교 신자가 되지 않았을까? 또한 침례교 신자는 로마가톨릭 신자로, 로마가톨릭 신자는 불교도로, 불교도는 퀘이커교도로, 퀘이커교도는 성공회 신자로, 성공회 신자는 재림파로, 재림파는 힌두교도로, 힌두교도는 무신론자로, 무신론자는 심령론자로, 심령론자는 불가지론자로, 불가지론자는 감리교 신자로, 감리교 신자는 유교 신자로, 유교 신자는 유니테리언[8] 교도로, 유니테리언교도는 이슬람교도로, 이슬람교도는 구세군 병사로, 구세군 병사는 조로아스터교도(배화교 신자), 조로아스터교도는 크리스천 사이언스[9] 신자로, 크리스천 사이언스 신자는 몰몬교도가…… 되지 않았을까?

젊은이: 어르신이 직접 대답해 주시지요.

---

8. 삼위일체설(Trinity)을 부인한다. 그리스도를 신격화하지 않고 신은 하나뿐이라고 주장한다.
9. Christian Science, 미국의 종교가 M. B. 에디 부인이 1866년에 창시했다. 심신의 만병은 그리스도의 가르침의 체득과 신앙에 의해서 고쳐진다고 설파하고, 의술을 빌리지 않고 정신적·영적 치료를 베푼다.

노인: 교파의 목록은 학습이나 빛을 찾기 위한 구도의 기록이 아니네. 그것은 역설적이게도 인간관계가 무엇을 할 수 있는지를 나타내고 있는 것에 지나지 않네. 만약 어떤 사람의 국적을 자네가 알고 있다면 자네는 거의 정확하게 그의 신앙의 형태를 추측할 수 있게 되네. 영국 사람이라면 신교도(프로테스탄트)이고 미국인도 이와 마찬가지지. 스페인, 프랑스, 아일랜드, 이탈리아, 남미 사람들은 로마가톨릭이겠고, 러시아 사람은 그리스정교회, 그리고 터키 사람은 이슬람교도 등등으로 추측할 수 있는 것이지. 또한 자네가 어떤 사람의 신앙의 형태를 알고 있을 때 자네는 그가 더 많은 구원을 위해 어떤 종류의 종교 서적을 읽는지, 그리고 그가 멀리하는 책의 종류를 알게 되지. 미국에서 유권자가 어떤 정당의 칼라를 다는지를 안다면 그의 인간관계가 어떠한지를, 그가 어떻게 정치 신념을 가지게 되었는지를 알게 되네. 뿐만 아니라 지식을 얻기 위해서 어떤 종류의 신문을 읽고 어떤 종류의 신문을 회피하는지를, 그의 정치적인 식견을 넓히기 위해서 어떤 대중 모임에 참석하고 신랄한 비판을 하기 위해 참석한 것을 제외하고 어떤 종류의 대중 모임에 참석하지 않는지를 알게 되지. 우리는 언제나 주위에서 진리를 찾고자 하는 사람들에 대해 듣고 있네. 하지만 나는 결코 (영원한) 그러한 표본을 본 적이 없네. 그런 사람은 아예 없었던 것 같네. 그렇지만 나는 그들 자신이 진리를 찾는 영원한 구도자라고 생각하는 사람들은 몇몇 본 적이 있네. 그들은 확실히 그들이 진리를 찾았다라고 믿을 때까지 완전한 정직함과 적절한 판단력으로 부지런히, 지속적으로, 신중하게 그리고 심

오하게 진리를 추구하지만 그것이 그들의 한계였네. 이제 그 사람들은 험악한 날씨로부터 자신의 진리를 보호하기 위해 지붕에 덮을 널빤지를 구하는 데 나머지 인생을 보내게 되네. 만약 그가 정치적인 진리를 찾고자 한다면 이 세상에서 인간을 지배하고 있는 수백 가지의 정치적인 교의에서 그것을 발견할 수 있지. 또한 만약 그가 유일한 참된 종교를 추구하고자 한다면 시장에 나돌고 있는 수많은 것 중에서 하나를 발견할 수 있네. 여하튼 그가 하나의 진리를 발견하게 될 때 더 이상 그의 구도는 없게 되는 것이지. 그리고 단지 그날부터 한 손에는 땜질 인두를, 다른 한 손에는 곤봉을 가지고 새는 곳을 땜질을 하고 반대하는 사람들과 논쟁을 하는 것뿐이지. 일시적으로 진리를 추구하는 사람들이 셀 수 없을 만큼 많았지만 영원불변의 진리를 찾는 구도자를 한 명이라도 본 적이 있는가? 인간의 본성으로 보아 그런 사람은 없네. 그건 그렇고 다시 교육이라는 본론으로 돌아가세. 모든 교육은 외부로부터 비롯되는 것이고, 그것의 대부분은 인간관계에서 비롯된 것이네. 인간이란 결국 외부적인 영향력이 만들어낸 것에 지나지 않네. 그것이 사람을 훌륭하게도 또는 그 반대로도 교육을 시킬 수가 있네.

젊은이: 어르신의 말씀대로라면 어떤 사람이 도움을 전혀 받을 수 없는 곳에 놓인다면 그는 타락할 수밖에 없다는 얘기군요.

노인: 카멜레온 같은 그에게 전혀 도움이 없다고? 아니, 그럴 수는 없지. 그의 가장 큰 행운은 바로 그가 카멜레온 같다는 것일세. 그는 단지 그의 서식지 즉 그의 인간관계를 바꾸기만 하면 되네. 물론 그러한 충동

(동기)은 외부로부터 와야만 하지. 인간은 그런 생각과 목적을 가지고 스스로 그것을 창출해내지 못하네. 가끔 아주 사소하고 우연한 것이 계기가 되어 새로운 인생의 여정을 떠나게 하지. 때로는 "나는 당신이 겁쟁이라고 들었어요"와 같은 사랑하는 연인의 언급이 씨앗에 물을 주어 싹을 틔우고 꽃을 피우게 하여 전쟁터에서 놀라운 결실을 맺게도 하네. 인간의 역사란 그런 우연한 사건들로 가득 차 있지. 상스럽고 불경스러운 군인이 우연히 다리가 부러지는 사고를 당해 종교에 귀의하게 되어 새로운 이상을 품게 되는 경우도 있지. 그 사건으로 예수회 교단이 발생하여 왕좌를 뒤흔들고, 정책을 바꾸고, 이백여 년 동안 다른 엄청난 일을 했으며 앞으로도 그러할 것이네.[10] 책이나 신문에서 짧은 기사 하나를 읽는 기회가 인간으로 하여금 새로운 궤도에 오르게 하고, 옛 인간관계를 버리고 그의 새로운 이상에 동감하는 새로운 인간관계를 찾아 나서게 만들 수 있네. 그래서 결과적으로 그의 삶의 방식을 완전히 바꿀 수가 있게 되지.

젊은이: 우연한 계기의 새로운 절차상의 계획을 말씀하시는 건가요?

노인:　그것은 새로운 것이 아니라 인류가 발생했을 때부터 생성된 것이라네.

---

10. 16세기에 예수회를 창설한 성 이냐시오 로욜라의 실제 이야기이다. 사실 그는 스페인의 명문귀족 바스크 가의 11남매 중 막내로 태어나 세속적인 허영에 몰두하고 세상의 명예를 열망했다. 그러던 중 나바르라 태수인 나헤라 공작의 군대에 입대하였는데, 1521년 프랑스 군대가 스페인 국경을 넘어 침입해오자 이에 용감히 맞서 싸우다 다리에 큰 부상을 입었다. 병상에서 그 당시에 많이 읽혀지던 두 권의 영성서적, 곧 《성인열전》과 《그리스도의 생애》를 읽게 되었는데, 이에 크게 깨달음을 얻어 그 자신을 하나님께 봉헌하기로 결심했다 한다.

젊은이: 구체적으로 무슨 말씀이신지요?

노인: 단순히 사람들에게 올가미를 씌우는 것이라고 할 수 있네. 즉 높은 이상으로 향하게 하는 동기부여라는 올가미를 씌운다는 거지. 그것이 팸플릿을 뿌리는 사람이나 선교사가 하는 일이라네. 정부가 해야 할 일도 바로 그런 것이어야 하네.

젊은이: 정부가 그렇게 하고 있지 않나요?

노인: 어떤 면에서는 그렇고 또 다른 면에서는 그렇지 않네. 이를테면 천연두 환자가 발생하면 건강한 사람들과 격리시키지만, 범죄를 다루는 데 있어서는 건강한 사람들을 전염병이 있는 집에 함께 집어넣어 버리지. 다시 말해서 초범자들을 상습범들과 함께 가둬둔다는 것이네. 물론 인간이 천성적으로 선하다면 그렇게 하는 것이 좋은 일이겠지만 인간은 그렇지가 못하다네. 그래서 초범자들을 재범자들과 같이 감금하면 첫 범죄를 저질렀을 때보다 훨씬 나쁘게 되어버린다는 것이지. 그것은 상대적으로 가벼운 범죄자들을 너무 무거운 처벌로 다스리는 것과 같다고 할 수 있네. 또한 사형을 받을 만한 범죄자에게 사형은 큰 처벌이 아닐 수 있으나 그의 가족에게는 마음을 천 갈래 만 갈래 찢어 놓는 가혹한 형벌이 될 수가 있다는 얘기네. 또 다른 예로 부인을 폭행한 남편을 감옥에 가두고 편안하게 먹여주는 대신 무고한 가족을 굶어죽게 만드는 경우도 있다는 거네.

젊은이: 어르신은 인간은 선과 악에 대한 직관적인 인식 능력을 갖고 있다는 설說을 믿으시는지요?

노인: 아담에겐 그런 것이 없었지.

젊은이: 그러나 사람은 그 이후에는 그것을 갖게 되지 않았나요?

노인: 아니, 내 생각에는 인간은 어떤 종류의 직관력도 갖고 있지 못하다네. 모든 인간의 사상 그리고 인상印象은 외부로부터 얻은 것이지. 내가 이것을 계속 반복하는 이유는 자네가 자네 스스로 관찰하고 검토하여 내 얘기가 사실인지 아닌지를 알아보게 하려는 생각에서라네.

젊은이: 그런 억측을 어디서 얻으셨는지요?

노인: 이 역시 외부로부터 얻은 것이지, 내가 창안해낸 것이 아니네. 주로 무의식적으로 수천 가지의 이름 모를 출처로부터 모아진 것이지.

젊은이: 하나님이 선천적으로 정직한 사람을 만들 수 있다는 것을 믿지 않으시는지요?

노인: 물론 나도 하나님이 그렇게 만들 수 있다는 것을 알고 있네만 단 한 사람이라도 결코 그렇게 만들지 않았다는 사실도 알고 있지.

젊은이: 그러나 어느 현명한 관찰자가 "정직한 사람이야말로 하나님의 가장 고귀한 작품"[11]이라는 사실을 기록했습니다.

노인: 그러나 그것은 사실을 기록한 것이 아니라 거짓을 기록한 것이네. 그것은 그럴 듯하게 들리는 말이나 진실은 아니네. 하나님은 정직할 수도 또는 불량할 수도 있는 가능성이 내재된 인간을 만들기만 했네. 그리고 인간관계가 그러한 가능성을 발전시켜야 정직한 인간이 또는

---

11. 영국의 시인 포프(Alexander Pope)의 《인간론》에 나오는 말이다.

그렇지 못한 인간으로 결정되는 거지.

젊은이: 그럼 정직한 인간이라고 해서…….

노인: 칭찬을 받을 만한 자격이 없냐고? 물론 없지. 내가 계속 얘기하지 않았는가. 그가 정직한 것이 그의 의지는 아니라고.

젊은이: 그렇다면 인간으로 하여금 덕이 있는 삶을 살게끔 교육하는 것은 어떤 의미가 있는 건가요? 그런 삶을 살며 그는 무엇을 얻을 수 있나요?

노인: 인간 스스로 그런 삶에서 많은 이득을 얻고 그에게 그것이 중요한 것이지. 그는 자신의 이웃에게 해를 끼치지 않기 때문에 이웃들은 이러한 그의 덕행에서 이득을 얻게 되는 것이네. 이것이 그들에게는 아주 중요한 문제가 되지. 그리하여 그의 덕행은 관계있는 사람들에게 비교적 안락한 삶을 살 수 있게끔 해주네. 그러나 만일 이러한 교육을 등한시한다면 주위 사람들의 삶을 끊임없이 위험하고 고통스럽게 만들 수도 있네.

젊은이: 교육이 가장 중요하다고 말씀하셨지요. 교육이 사람으로 만들기 때문에 교육이 바로 인간 그 자체라고요.

노인: 교육과 또 다른 한 가지를 얘기했네. 당분간 그 한 가지는 접어두기로 하고, 무엇을 말하려고 하는가?

젊은이: 저희 집에는 늙은 하녀 하나가 있습니다. 그녀는 우리와 22년을 함께 해오고 있습니다. 그녀의 시중은 흠잡을 데가 없었는데 요즘 자꾸 잊어버립니다. 우리 모두는 그녀를 좋아하고 건망증은 그녀의 나이로 인한 것이라는 사실을 잘 알고 있지요. 그래서 우리 가족은 그녀의 부주

의를 꾸짖지 않지만 저는 때때로 나무라곤 합니다. 제 자신을 통제할 수 없습니다. 그럼 제가 노력을 하지 않았냐고요? 물론 노력하지요. 오늘 아침에도 옷을 입으려고 준비했을 때 깨끗한 옷이 준비되어 있지 않았지요. 이른 아침부터 화가 나기 시작했습니다. 호출 벨을 누른 후, 곧 제 자신부터 화내지 말고 부드럽게 말해야겠다고 생각을 다스렸습니다. 그리고 제가 사용할 단어를 고르기까지 했습니다. 예를 들면 "제인, 세탁하는 것을 잊어 버렸군요"와 같은 것들이요. 그러나 그녀가 문 앞에 나타났을 때 입 밖으로 제가 전혀 예상하지 못한, 통제할 시간도 없이 격한 감정이 튀어 나왔습니다. "세탁하는 것을 또 잊어버리다니!" 어르신은 인간이란 언제나 그의 내재하는 주인을 가장 만족시키는 일을 한다고 말씀하시겠지요. 그렇다면 하녀가 질책 받는 모욕감으로부터 구원해주려고 신중하게 마음의 준비를 하는 충동(동기)은 어디에서 오는 건가요? 그 충동은 언제나 일차적으로 자기 자신에 대해서만 신경을 쓰는 그 주인으로부터 온 것인가요?

노인: 물론이고말고. 어떤 충동도 그러한 이유 말고는 다른 원인은 없다네. 이차적으로 그 하녀를 심하게 나무라지 않겠다고 다짐을 하는 것이지만 일차적인 그 목적은 내재하는 주인을 만족시킴으로써 자네 자신을 구원하려는 것이었네.

젊은이: 무슨 말씀이신지요?

노인: 가족 중 자네에게 갑자기 화를 내지 말도록 타이른 사람은 없었는가?

젊은이: 있었지요, 저의 어머니입니다.

노인: 어머니를 사랑하는가?

젊은이: 그럼요, 그 무엇보다도요.

노인: 그럼 자네는 어머니를 기쁘게 하기 위해서 자네가 할 수 있는 범위 내에서 어떤 것이라도 할 테지?

젊은이: 어머니를 기쁘게 해드리는 것이 제게도 큰 기쁨이니까요!

노인: 그건 왜일까? 직접적으로 어떤 이익 즉 대가 때문에 그것을 하는 것일세. 그렇다면 자네가 그러한 투자로부터 받게 되는 이익은 무엇일까?

젊은이: 개인적으로요? 없지요. 어머니를 기쁘게 해드리는 것으로 충분하거든요.

노인: 그렇다면 일차적으로 자네의 목적은 그 하녀를 모욕감으로부터 구원해주는 것이 아니라 자네 어머니를 기쁘게 해드리는 것이었던 것 같네. 그리고 또한 어머니를 기쁘게 해드리는 것이 자네에게 더 큰 기쁨을 주는 것 같고 말일세. 이것이 바로 자네가 그 투자로부터 얻는 이익이 아닌가? 참된 그리고 첫 번째 이익 말일세.

젊은이: 글쎄요, 그런가요? 계속 말씀하시지요.

노인: 모든 거래에 있어서 내재하는 주인은 자네가 제일 첫 번째의 이익을 얻기를 기대하고 있다네. 만약 그렇지 않다면 거래라는 것은 이루어지지 않을 거네.

젊은이: 글쎄요. 그렇다면 제가 그런 이익을 얻는 것을 열망하고 있으면

서도 화를 내서 그런 이익을 날려버리는 것은 왜일까요?

노인: 그것은 말일세, 가치 면에서 갑자기 그것을 대신하는 또 다른 이익을 얻기 위해서라네.

젊은이: 그것이 어디에 숨어 있었는데요?

노인: 자네의 타고난 기질 이면에 숨어서 기회만 엿보고 있었지. 그러다가 본래의 격한 기질이 갑자기 전면에 나타나게 된 거지. 그리고 그 순간에는 그 영향력이 너무 강력하여 자네의 어머니에 대한 생각은 무시해버린 거라네. 그 상황에서는 심한 질책을 쏟아 붓는 데 몰두하여 한편으론 그 상황을 즐기기도 하지. 자네도 은근히 즐기지 않았나? 기분이 좋지 않았냐 말이야?

젊은이: 비록 짧은 시간이었지만 솔직히 그랬던 것 같습니다.

노인: 그랬을 거야, 바로 내가 얘기한 그대로지. 한순간이라도 비록 매우 짧은 순간이라도 자네에게 최대의 기쁨과 만족을 주는 일을 언제나 하게 되는 것이지. 왜냐하면 내재하는 주인의 가장 당면한 기분을 만족시켜야만 하기 때문이네. 비록 그 일시적인 기분이 무엇이라도.

젊은이: 그러나 늙은 하녀의 눈에 눈물이 고였을 때는 제 손 하나라도 잘라버리고 싶은 심정이었습니다.

노인: 그랬겠지. 알다시피 자네는 체면을 잃어버린 행동으로 자신에게 고통을 안겨주었네. 인간은 자신에게 손해를 끼치느냐 이익을 가져다주느냐 하는 결과 외에는 어떤 것도 중요하게 생각하지 않네. 그 나머지 모든 것은 이차적인 문제라네. 내재하는 자네의 주인은 자네에게 만

족하지 못했네. 자네가 그에게 순종을 했음에도 불구하고 말이야. 그는 즉시 반성을 요구했고 자네는 거기에 순종했지. 그래야만 했겠지, 그의 명령으로부터 결코 도망갈 수 없었을 테니 말일세. 그는 매우 까다롭고 변덕스러워 아주 잠깐 사이에도 마음을 바꾸곤 하지. 그러나 자네는 늘 순종할 준비를 해야만 하고 또 순종할 수밖에 없네. 만약 그가 뉘우치고자 한다면 언제나 그를 만족시키기 위해 자네는 뉘우치게 되네. 표현이야 어떻든 간에 우리는 그를 잘 보살펴주어야 하고 어르고 달래며 끊임없이 만족시켜 주어야만 하네.

젊은이: 그렇다면 교육은 어디에 필요한 것인가요? 저의 어머니는 제가 하녀에게 갑자기 화내지 않도록 교육해오지 않았던가요?

노인: 그렇다면 이제껏 꾸지람을 참아본 적이 있는가?

젊은이: 아, 당연히 있지요, 그것도 여러 번…….

노인: 작년보다는 올해 더 많은가?

젊은이: 그럼요, 훨씬 더 많지요.

노인: 그렇다면 작년은 재작년보다 더 많았다는 뜻인가?

젊은이: 그렇습니다.

노인: 그렇다면 2년 사이에 많이 향상된 것이로군.

젊은이: 의심할 여지없이 그렇습니다.

노인: 그렇다면 자네의 질문에 대한 답이 얻어진 것 같군. 자네도 교육이 그렇게 쓸모가 있다는 것을 알게 된 셈이니까 말일세. 성실히 매진하게, 자네는 지금까지 아주 잘하고 있네.

젊은이: 저의 이러한 개선 노력이 완벽함에 도달할 수 있을까요?

노인:　자네의 최대한까지는 그렇게 될 걸세.

젊은이: 저의 최대의 한계까지요? 무슨 말씀이신지요?

노인:　내가 교육이 전부라고 말했던 것을 기억하고 있을 테지? 또한 내가 자네를 바로잡아 주며 "교육 외에 또 다른 한 가지가 더 있네"라고 했던 말도 기억하지? 그 다른 하나가 기질 즉 자네가 태어날 때부터 가지고 있는 성질을 의미하네. 자네는 자네의 기질을 조금도 바꿀 수 없네, 단지 그것을 억누를 수 있을 뿐이지. 자네는 성미가 급하지 않은가?

젊은이: 그렇습니다.

노인:　그러한 성미를 결코 없애지는 못하겠지만 늘 조심한다면 거의 언제나 자제할 수는 있을 것이네. 그런 기질을 가지고 있다는 것이 자네의 한계라는 것이지. 그러한 기질이 이따금 자네를 능가하기 때문에 개선의 노력이 완벽함에 도달하지는 못하겠지만 어느 정도 충분하게 이루어질 수는 있네. 자네는 귀중한 발전을 해왔고 앞으로 더 발전할 수 있네. 교육에는 어마어마한 효용이 있네. 계속 노력하다 보면 자네는 새로운 발전의 단계에 도달하여 더욱 수월하게 다음 단계로 발전할 수 있을 것이네.

젊은이: 좀 더 자세하게 설명해주시지요.

노인:　지금 자네는 어머니를 만족시키는 것으로 자네를 만족시키기 위해 억제하는 것이네. 그리하여 자네의 기질에 대한 단순한 승리는 자네의 어머니가 인정하는 것보다 훨씬 달콤한 기쁨과 만족감을 자네에

게 가져다주네. 뿐만 아니라 자네의 허영심까지 만족시켜 주지. 그래서 이제 어머니를 통한 우회적인 방법이 아니라 곧바로 자네 자신을 위해 노력하게 되네. 즉 문제를 간단하게 만들 뿐만 아니라 동기를 강화시키는 것이지.

젊은이: 오, 저런! 그렇다면 저는 그 하녀를 일차적으로 배려하는 그런 단계에는 이르지 못했다는 것인가요?

노인: 그렇다네, 아마 천국에서나 가능할까?

젊은이: (잠시 생각을 해본 뒤에) 저의 기질 말씀이시군요. 이제 기질이란 것을 고려해야 한다는 것을 알겠습니다. 확실히 기질이란 커다란 요인이군요. 저의 어머니는 사려 깊고 성급하지도 않습니다. 제가 옷을 입고 어머니 방으로 갔을 때 어머니가 계시지 않더군요. 그래서 어머니를 불렀더니 욕실에서 대답하는 소리가 들렸습니다. 또한 욕조에 물을 받는 소리도 들렸고요. 그래서 제가 왜 어머니께서 목욕 준비를 하시냐고 여쭈었더니 제인(하녀)이 목욕 준비를 하는 것을 잊어버렸다고 대답하셨습니다. 제가 호출 벨을 누르겠다고 하니 어머니는 이렇게 말씀하셨습니다. "아니다. 그러지 마라. 그러는 것은 단지 제인을 질책하는 것이며 제인을 고통스럽게 할 뿐이다. 그렇게까지 그녀가 혼나야 할 일은 아니다. 제인의 기억력이 떨어져서 그런 거지 그녀의 탓은 아니다"라고요. 그렇다면 저의 어머니도 내재하는 주인이란 것을 가지고 있긴 하는 건가요? 그것은 어디에 있는 거죠?

노인: 자네 어머니에게도 존재하네. 그리고 거기에서 그것은 자신의

평화와 기쁨과 만족을 찾고 있네. 그 하녀의 고통이 자네의 어머니를 괴롭게 했을 것이네. 만약 그렇지 않았다면 하녀는 불려와 질책을 당하고, 비탄에 잠겼을 것이네. 물론 벨을 눌러 하녀를 달려오게 하는 것에서 큰 기쁨을 얻는 여자들도 있지. 그녀들은 확신에 차서 벨을 누른다네. 내재하는 주인의 하인이라 할 수 있는 그들의 본성과 교육의 법칙에 순종한 것이지만 말이야. 자네의 어머니는 인내라는 교육을 받았을 것이네. 훌륭한 교육의 최고의 기능은 가르침을 받는 사람에게 만족을 줄 때마다 이차적으로 다른 사람들에게도 혜택이 간다는 것이네.

젊은이: 만약 인류가 처한 상황을 더 낫게 하기 위한 계획을 훈계로 요약한다면 어떻게 됩니까?

:: 훈계

노인: 자네가 만족하면서 이웃과 지역 사회에 혜택을 줄 수 있는 행위, 그리고 최고의 기쁨을 찾을 수 있는 자네의 이상들을 부지런히 교육시키게.

젊은이: 새로운 복음인가요?

노인: 아니, 그렇지 않네.

젊은이: 전부터 가르쳐오고 있는 것인가요?

노인: 물론이지, 일만 년 동안에 거쳐서.

젊은이: 누구에 의해서요?

노인: 모든 위대한 종교와 복음에 의해서 말이네.

젊은이: 그렇다면 그것에 관해서 새로울 것은 없겠군요?

노인: 아니, 물론 있지. 이번에는 직설적으로 말해주겠네. 전에는 그러지 않았거든.

젊은이: 무슨 말씀이신지요?

노인: 자네 자신이 첫째이고 이웃과 지역 사회는 그 다음이라는 말이네.

젊은이: 그렇게 말씀하시는 데에는 분명한 차이가 있습니다.

노인: 그렇지, 직접 말하는 것과 돌려서 하는 것의 차이, 또는 솔직함과 속임수가 있는 것 사이의 차이라고 할 수 있겠지.

젊은이: 자세히 설명해주시지요.

노인: 다른 사람들이 자네에게 선행을 베풀라는 뇌물을 줄 때, 이것은 자네의 마음속에 있는 주인을 먼저 만족시켜야 하고 최우선으로 그를 위해 모든 것을 다해야 한다는 것을 인정해야 할 때 가능한 것이네. 그런 다음에야 비로소 주변에 시선을 돌려 다른 사람들을 위해 선행을 할 것과 의무를 위한 의무를 하며, 그리고 자기희생의 행위를 하는 것이지. 그러므로 우리는 인간에 내재하는 절대적인 지배자를 인정하고, 그 앞에 엎드리며 그에게 간청하게 된다는 인식을 한다는 점에서 모두 똑같은 출발선에 있게 되는 것이네. 그런데 다른 사람을 속임수를 써서 인간에게 존재하지 않는 이차적인 힘을 마치 일차적인 것처럼 높이고 있지.

하지만 나는 논리적으로 그리고 일관되게 원래의 입장을 고수하고 있네. 그것은 바로 내재하는 주인의 요구 사항을 최우선시하고 나머지 것은 그 다음으로 한다는 것이지.

젊은이: 논의를 위해서, 어르신이 추구하는 것과 다른 사람들의 계획이 '올바른 삶'이라는 똑같은 결과를 낳는다면 어르신의 주장이 다른 사람들의 주장에 비해 더 나은 점은 무엇인가요?

노인:　당연히 아주 큰 장점이 있다네. 내 입장에는 숨기는 것이나 속임수가 전혀 없지. 내가 말한 계획에 따라 인간이 올바르고 가치 있는 삶을 지향할 때 인간으로 하여금 그런 삶을 살게끔 하는 참된 동기에 대해서 인간은 속지 않게 되네. 그러나 다른 경우에는 속게 되지.

젊은이: 그것이 장점인가요? 그런 저속한 이유 때문에 고결하게 사는 것이 장점이 되는 건가요? 다른 경우에는 자신이 고매하여 고결한 삶이 주는 감명 때문에 고결한 삶을 살고 있습니다. 그런 것이 장점이 되는 것 아닌가요?

노인:　아마 그렇다고 할 수도 있겠네. 그런데 예를 들어 공작이 아님에도 불구하고 자기 자신이 공작이라 생각하고 공작의 삶을 살며, 공작 행세를 하며, 행차를 하는 사람도 그런 삶의 장점을 발견할 수 있을 것이네.

젊은이: 그러나 어쨌든 그는 공작의 역할을 하지 않을 수가 없겠지요. 그는 어마어마한 규모의 선행을 베풀어 지역 사회에 큰 도움을 주겠지요.

노인:　공작이 아니어도 그런 것을 할 수가 있네.

젊은이: 과연 그가 할까요?

노인: 자네가 도달한 부분을 모르겠나?

젊은이: 어디에요?

노인: 자네는 벌써 다른 계획의 입장에 도달해 있네. 즉 무지한 공작으로 하여금 그의 자존심을 위해서 저급한 동기를 가지고 선행을 하게 하는 것이고 또한 계속해서 그런 선행을 하게 하는 것이 좋은 도덕이라는 거지. 만약 그가 그런 선행들을 하게 하는 참된 동기를 알게 되어 지갑을 닫아버리고 선행을 그만두지 않도록 하기 위해서 말일세.

젊은이: 그가 자기 자신이 남을 위해서 선행을 한다고 생각하는 한 그를 무지한 채로 두는 것이 최선 아닐까요?

노인: 아마 그럴 수도 있겠지. 그것이 다른 사람들의 입장이네. 그들은 속임수도 결과가 훌륭하면 충분히 좋은 것이라고 생각하니까 말이야.

젊은이: 제 생각에는 인간은 선행 자체를 위해서가 아니라, 첫째로 자기 자신을 위해서 선행을 한다는 어르신의 관점에서 보자면 어떤 인간도 선행을 하지 않을 것 같습니다.

노인: 최근에 선행을 베푼 적이 있는가?

젊은이: 예, 바로 오늘 아침에요.

노인: 자세히 얘기해보게.

젊은이: 제가 어린아이였을 때, 저를 돌봐주고 한번은 목숨을 걸고 저를 구해준 적이 있는 한 흑인 노파의 오두막집에 불이나 어젯밤에 모두 타버렸습니다. 그녀는 오늘 아침에 울면서 다시 오두막집을 지을 돈을 애원했습니다.

노인:　그 돈을 주었구먼?

젊은이: 당연하지요.

노인:　돈이 있어서 자네는 기뻤겠구먼.

젊은이: 돈이요? 없었지요, 그래서 제 말을 팔았습니다.

노인:　자네는 말이 있어서 기뻤겠네?

젊은이: 물론이지요. 만약 저에게 말이 없었다면 저는 도와줄 수가 없었을 것이고 대신 저의 어머니가 노파 샐리에게 도움을 줄 기회를 잡았을 테니까요.

노인:　자네는 진심으로 불쌍한 사람을 외면하지 않고 도와준 것을 기뻐했나?

젊은이: 정말 그렇습니다.

노인:　이제 그렇다면…….

젊은이: 거기서 멈춰주세요! 어르신이 하실 질문을 전부 알고 있으니 시간 낭비할 필요 없이 질문 하나하나에 바로 대답할 수 있습니다. 그런데 이 전부를 한 마디로 요약한다면 다음과 같습니다. 제가 자선을 베푼 것은 그러한 행위가 저에게 대단한 기쁨을 주고 샐리가 진심으로 고마워하며 기뻐하는 것이 저에게 또 다른 만족감을 준다는 것을 알고 있기 때문이라는 것입니다. 뿐만 아니라 그녀가 이제 행복하고 곤경으로부터 벗어난다는 생각이 저를 행복감으로 가득 채워주었기 때문이지요. 그러니까 저는 맨 먼저 제 자신의 이익을 생각하면서 모든 것을 한 것입니다. 자 이제 저는 모두 고백했습니다. 하실 말씀 있으면 하시지요.

노인: 내가 말해줄 것은 없구먼. 자네가 모두 얘기했으니까 말일세. 그런데 만약 그런 자선을 베푸는 것이 오직 그녀를 위해서라는 착각에 빠졌다면, 곤경에 처한 샐리를 돕기 위해 좀 더 강력하게 마음이 움직였을까? 그 행위를 좀 더 열심히 했을까?

젊은이: 아니요! 저를 움직였던 그 충동 말고 더 이상의 동기는 절대로 없습니다. 저는 가능한 한계까지 했으니까요!

노인: 좋아, 알겠네. 이제 자네도 이해하는 것 같군. 나는 또한 자네가 이 점을 알았으면 하네. 인간이란 다른 어떤 일 하나를 하는 것보다 두 가지 또는 이십여 가지 중의 어느 하나를 하려고 조금이라도 강하게 마음이 움직일 때는, 그것이 선한 것이든 악한 것이든 그 하나를 꼭 하려 하네. 만약 그것이 선한 것이면 그 모든 궤변으로 속이려 한다 해도 충동의 강력함을 증가시켜 주거나 그런 행위에서 얻게 되는 위안과 만족감을 더해줄 수는 없네.

젊은이: 그렇다면 어르신은 인간의 마음에 존재하는 선행을 하려는 그러한 경향이 비록 그런 선행이 첫 번째 동기 대신 두 번째 동기를 위해서 행해진다는 환상을 없앤다 하더라도 사라지지 않을 것이라고 믿으시는 건가요?

노인: 그것이 바로 내가 전적으로 믿는 바네.

젊은이: 그런 것이 선행의 가치를 조금이라도 떨어뜨리지 않나요?

노인: 만약 거짓에 존엄성이라는 것이 있다면 그렇겠지, 확실히 그런 것을 없애버리겠지.

젊은이: 그럼 윤리주의자들에게 남겨진 것은 무엇인가요?

노인: 이미 입 한 쪽으로는 가르치고 다른 한 쪽으로는 부정한 것을 거 짓 없이 솔직하게 가르치는 것이지. 자기 자신을 위해서 올바르게 행동 한다면 이웃도 확실히 돌아오는 혜택을 공유한다는 것을 알게 되어 행 복하게 될 것이네.

젊은이: 다시 한 번 훈계를 말씀해 주시지요.

노인: 자네가 만족하면서 이웃과 지역 사회에 혜택을 줄 수 있는 행위, 그리고 최고의 기쁨을 찾을 수 있는 정상을 향해 자네의 이상들을 부지 런히 교육시키게.

젊은이: 인간의 모든 행위는 외부적인 영향력에서 비롯된다고 생각하시 는지요?

노인: 그렇다네.

젊은이: 그렇다면 만약 제가 어떤 사람에게 강도짓을 하려고 마음먹었 다면 그 생각을 해낸 사람은 제가 아니라 외부에서 온 것인가요? 가령 제가 그 사람이 돈을 취급하는 것을 본 것이 저로 하여금 범죄를 저지르 게끔 하는 것인가요.

노인: 그것 하나만으로? 확실히 아니지. 그것은 단지 수십 년에 걸친 준비된 영향력의 과정 중 가장 최근에 나타난 외적인 영향력에 지나지 않네. 단 하나의 외부적인 영향력은 인간으로 하여금 그가 받은 교육과 위배되는 일을 하게 만들 수는 없지. 그것이 할 수 있는 최대의 것은 인 간의 마음을 새로운 길로 들어서게 하여 이그나티우스 로욜라[12]의 경우

처럼 새로운 외부적인 영향력들을 받게 하는 것이네. 그러는 동안에 이러한 영향력들이 인간으로 하여금 최후의 영향력에 순응하여 그러한 일을 하도록 그의 새로운 성격에 일치하는 시점에 도달하도록 인간을 교육할 수 있지. 내 이론을 자네에게 분명하게 해주는 예를 하나 들어보겠네. 여기 순금 두 덩어리가 있네, 그것들은 수년간의 부단한 교육의 미덕으로 정제되고 완벽해진 두 성격을 나타내고 있네. 만약 자네가 이 강하고 탄탄한 성격들을 깨뜨리고 싶다면 이 순금 두 덩어리에 어떤 영향력을 미쳐야 할까?

젊은이: 어르신께서 직접 말씀해주시지요.

노인: 만약 오랜 시간 계속해서 금괴 중에 어느 하나에 증기를 분사시키면 이렇다 할 결과가 생길까?

젊은이: 제가 아는 한 없을 것 같은데요.

노인: 왜 그런가?

젊은이: 증기분사로 그런 물질을 깨뜨릴 수는 없으니까요.

노인: 바로 그렇다네. 그 증기라는 것도 외부적인 영향력이지만 금과 무관하기 때문에 비효과적이라고 할 수 있지. 그래서 금덩어리는 원래대로 남아 있게 되네. 그런데 만약 그 증기에 기체 상태의 수은을 첨가하여 금덩어리에 들이 붓는다면 즉각적인 결과가 나올까?

젊은이: 아니요.

---

12. Ignatius Loyola, 1491~1556, 에스파냐의 수도사로 가톨릭 수도회인 예수회를 창립하였다. 1540년 예수회의 초대 총장에 선출되어 회원을 양성하고 회헌(會憲)을 만들었다.

노인: 수은이란 것은 금(가령 기질 또는 경향이라고 말할 수 있는 그것의 특유의 성질에 의해서)이 무시할 수 없는 외부적인 영향력이 되는 것이네. 우리가 인지하지는 못하지만 수은이 금의 성질을 변화시킨다네. 그러나 단 한 번의 영향력에 의해서는 어떤 변화도 일으키지 못하지. 그런데 꾸준히 들이 붓고(1분을 1년이라 가정해보세) 10분 또는 20분이 되었을 무렵에는 (즉 10년 또는 20년) 이 작은 금덩어리는 수은에 흠뻑 잠겨 금 본연의 성질은 사라지고 품질이 떨어지게 되네. 마침내 10년 또는 20년 전에는 전혀 주목하지 않았던 유혹에 지게 되는 것이네. 그 유혹을 손가락 하나의 압력이라고 가정해본다면 그 결과가 어떠한지를 알아보겠는가?

젊은이: 예, 그 금덩어리는 모래처럼 산산이 부서져버립니다. 이제 이해가 갑니다. 일을 하게끔 하는 것은 단 하나의 외부적인 영향력이 아니라 오랜 시간에 걸친 영향력들이 축적된 최후의 유일한 영향력이군요. 이제 제가 그 사람에게 강도짓을 하게 하는 단 하나의 충동이 그 강도짓을 하게 만드는 것이 아니라 계속해서 준비해온 연속적인 것 중의 최후의 하나라는 것을 알겠습니다. 비유를 들어 설명해 주시지요.

∷ 어떤 예화

노인: 좋아, 그러겠네. 옛날 뉴잉글랜드에 쌍둥이 소년이 있었네. 그들은 훌륭한 성격과 도덕심을 가졌고 외모도 똑같았지. 그들은 주일학

교의 모범생이었다네. 열다섯 살 때 조지가 포경선의 사환이 될 기회를 얻어 태평양을 향해 출항했네. 헨리는 고향의 집에 남아 있었지. 열여덟 살이 되자 조지는 선원이 되었고 헨리는 고등부 성경반의 교사가 되었지. 스물두 살에 조지는 선원 생활과 유럽과 동양의 항구의 선원 숙소에서 배운 싸움질, 술버릇으로 인해 홍콩에서 부랑자가 되고 일자리도 잃은 반면, 헨리는 주일학교의 교장이 되었네. 스물여섯 살에 조지는 방랑자, 부랑자가 되었고, 헨리는 마을 교회의 목사가 되었네. 그리고 얼마 후 조지가 집에 돌아와 헨리의 집에 머무르게 되었지. 어느 날 저녁 한 남자가 지나가는 것을 보며 헨리가 측은한 미소를 띠며 다음과 같이 말했네. "내게 전혀 불편함을 주려는 것은 아니겠지만 저 남자는 언제나 나에게 우리의 찢어지게 가난했던 시절을 상기시켜 주지. 왜냐하면 그는 언제나 많은 돈을 몸에 지닌 채 매일 저녁 여기를 지나가거든." 헨리가 말한 그 외부적인 영향력이 조지에게는 충분한 동기를 주었네. 그렇지만 그 말이 조지로 하여금 숨어 있다가 그 남자에게 강도짓을 하게 만드는 전부는 아니었지. 그것은 단지 11년 동안 축적된 외부적인 영향력을 대표해서 나타난 것뿐이고, 행동을 표출하게 한 것이지. 그 남자에게 강도짓을 하겠다는 생각 따윈 결코 헨리의 머릿속에는 들어오지 않을 테지. 왜냐하면 헨리의 금덩어리는 오직 깨끗한 증기의 지배를 받는 한편 조지의 것은 수은 증기의 지배를 받았기 때문이라네.

5

더 자세한 인간 기계론

세상에는 혼자 존재하며, 보고, 생각하고 이러한 행위에 의미를 주는 "나"도 없고, 자아도 없고, 주체도 없다. 그러나 사고의 언어는 존재할뿐더러 "나"는 그 말이 참고로 하는 형식적인 것이다. 따라서 "나는 생각한다"라고 말할 때 나는 제정신이다. 그 주체는 세상의 어느 곳에서도 발견되지 않지만, '나'는 세상에서 많은 경험을 가지고 있다.

— 루트비히 비트겐슈타인

Mark Twain

Note: 예를 들어 W라는 여사가, 어떻게 백만장자들은 가난한 사람들에게 줄 빵은 없으면서도 대학이나 박물관에는 단돈 1달러라도 기부를 할 수 있는지에 대해 스스로 질문을 던지고는 다음과 같은 결론을 이끌어냈지. 가난한 사람들에 대해 생각할 때 그녀도 그녀 나름대로의 자선 기준을 가지고 있는 것이라고. 바로 그런 점에서 그녀는 백만장자도 어떠한 기준을 가지고 있다는 것을 인정하게 되었지. 왜냐하면 그녀는 명백하게 백만장자에게 그녀의 기준을 따를 것을 요구하고 그렇게 함으로써 그녀 자신에게도 백만장자의 기준을 따르라고 요구하고 있기 때문이네. 인간이란 다른 사람의 기준을 검토할 때 언제나 아래를 보기 마련이지. 그래서 위를 보고 검토하는 그런 기준은 결코 발견하지 못하는 법이라네.

:: 다시 인간 기계론

젊은이: 어르신은 정말로 인간이 단지 기계에 불과하다고 생각하시는지요?

노인: 그렇다네.

젊은이: 그리고 인간의 마음은 통제로부터 벗어나 자기 멋대로 생각하여 자동적으로 움직인다는 말씀이신지요?

노인: 그렇지, 마음은 매 깨어 있는 순간 동안 부지런히 그리고 끊임없이 작용하고 있네. 자네는 자네의 마음에게 잠 좀 자게 그만 움직이라고 간청하고 명령하느라 밤새 뒤척인 적은 없었나? 아마 자네는 자네의 마음이 자네의 하인이어서 명령에 순종해야 한다고 생각하고, 자네가 무엇인가를 생각하라고 할 때 생각하고 그만 멈춰야 한다고 말할 때 멈춘다고 생각할 것이네. 그러나 마음이 작용해야 한다고 선택한다면 그것을 잠시나마 가만히 있게 할 방법은 없다네. 아주 똑똑한 사람일지라도 마음이 작용할 대상을 끊임없이 제공해줄 수는 없을 거야. 만약 마음이 인간의 도움을 필요로 하는 것이라면 아침에 일어났을 때 그것이 작용하기까지 인간을 기다리겠지.

젊은이: 아마 그렇겠지요.

노인: 하지만 실상은 그렇지가 않네. 인간이 완전히 깨어나 마음에게 무언가를 제안하기도 전에 즉시 작용하기 시작하지. 인간은 아마 "내일 일어나자마자 이러저러한 것들에 대해 생각해야지"라고 말하면서 잠자

리에 들겠지만 일어나면서부터 실패하고 말지. 인간의 마음이 인간보다 훨씬 재빠르다네. 인간이 거의 잠에서 깨어 반쯤 의식을 차릴 무렵이면 마음은 벌써 또 다른 주제에 대해 작용하고 있다는 것을 발견하게 되지. 실험을 한번 해보면 알 수 있을 것이네.

젊은이: 여하튼, 인간이 원한다면 마음으로 하여금 어떤 주제에 대해 계속 작용할 수 있게 할 수 있겠지요.

노인: 만약 마음이 더 매혹적인 주제를 찾았다면 그렇게 할 수 없을 것이네. 둔한 사람이건 똑똑한 사람이건 마음이란 대체로 그 사람의 말을 들으려 하지 않는다네. 모든 설득을 거부하지. 둔한 사람은 지루한 생각을 하여 마음을 나태한 공상으로 날려 보내지. 반면에 똑똑한 사람은 마음이 뒤쫓아 갈 만한 고무적인 생각을 쏟아 내어 인간과 인간의 대화를 의식하지 못하게 만드네. 마음이 원한다면 자네는 자네의 마음이 방랑하는 것을 멈추게 할 수가 없다네. 주인은 자네가 아니라 마음인 거야.

:: 며칠 후

노인: 이제 꿈에 관한 것이네만 그것은 나중에 검토해보기로 하지. 그건 그렇고 자네의 마음에게 자네의 명령에 기다릴 것을 명령해 보았는가? 과연 마음이 스스로 어떤 생각도 하지 않던가?

젊은이: 예. 마음에게 제가 아침에 일어났을 때 저의 명령에 대기하라고

해보았습니다.

노인: 마음이 그 명령에 순종하던가?

젊은이: 아니요. 마음은 저를 기다리지 않고 그것 자신이 스스로 무언가를 생각하기 시작했습니다. 또한 (어르신이 제안하신 것처럼) 밤에 내일 아침에 생각할 주제를 정해 그것 이외에는 생각하지 말라고 명령했습니다.

노인: 마음이 그 명령에 따르던가?

젊은이: 아니요.

노인: 얼마나 많이 그 실험을 해보았는가?

젊은이: 열 번 시도해 보았습니다.

노인: 몇 번이나 성공했는가?

젊은이: 단 한 번도 못했습니다.

노인: 마음이란 내가 말한 그대로일세. 그것은 인간으로부터 독립된 것이지. 그래서 인간은 마음을 통제할 수가 없지. 마?습?저 하고 싶은 대로 하는 걸세. 그것은 인간과 무관하게 어떤 주제를 시작하고 인간과 상관없이 그것을 계속하네. 뿐만 아니라 인간과 무관하게 그 주제를 배제시켜 버리기도 하지. 전적으로 인간으로부터 독립된 것이네.

젊은이: 예를 들어 설명해주시지요.

노인: 자네 체스 할 줄 아나?

젊은이: 일주일 전에 배웠습니다.

노인: 자네의 마음이 체스를 시작한 첫날밤에 밤새도록 그 게임을 하려고 하지 않던가?

젊은이: 말도 마십시오!

노인:　마음이 도무지 만족을 모른 채 너무나 진지하게 그 게임에 열중했겠지. 그리하여 급기야 마음에게 그 게임을 그만하고 잠 좀 잘 수 있게 해달라고 간절히 부탁했겠지?

젊은이: 예, 그랬습니다. 그러나 들으려 하지 않고 계속 게임을 하더군요. 그래서 결국 저는 아침에 초췌하고 형편없는 몰골로 일어나게 되었습니다.

노인:　자네도 언젠가 재미있는 라임 징글(같은 음의 반복)에 푹 빠져 있던 적이 있었나?

젊은이: 그럼요, 정말로요!

"I saw Esau kissing Kate,

And she saw I saw Esau;

I saw Esau, he saw Kate,

And she saw……."**13**

나는 에서가 케이트에게 키스하는 것을 보았다,

그리고 그녀는 내가 에서를 보고 있다는 것을 보았다.

나는 에서를 보았고, 그는 케이트를 보았다,

그리고 그녀는 보았다……."

---

13. saw와 Esau의 모음 발음이 같아 재미있는 운율 반복을 보이고 있다.

이와 같은 내용이었지요. 제 마음은 이 라임 징글로 너무나 기뻤습니다. 그래서 제가 그것을 멈추기 위해 모든 노력을 다 했음에도 불구하고 일주일 동안 저의 마음은 그것을 반복하고 있었습니다. 제가 확실히 이상해지는 것 같았습니다.

노인: 그리고 새로운 대중가요는 어떻고?

젊은이: 예, 맞습니다. 'In the Swee-eet By and By'를 비롯하여 몇 곡의 노래가 있습니다. 확실히 그 새로운 대중가요는 마음을 빼앗는 멜로디로 사람이 완전히 지칠 때까지 밤낮으로, 잠잘 때나 깨어 있을 때나 머릿속에서 계속 노래를 부르고 있었지요. 마음속에서 그 노래를 멈추게 하는 방법은 없었습니다.

노인: 그렇다네. 잠을 잘 때나 깨어 있을 때나 마찬가지지. 마음이란 완전히 독립적인 것이거든. 자네와는 아무런 관계도 없다네. 그것은 자네와 완전히 별개여서 여러 가지 일을 지휘하고 노래를 부르고 체스를 두며 자네가 잠을 자는 동안에 복잡한 꿈을 정교하게 짜 맞추고 있지. 자네가 잠을 자든 깨어 있든 자네의 도움이나 지도 같은 것은 아무 소용이 없고 또한 필요치도 않네. 자네는 자네의 마음속에 생각을 창출해낼 수 있고 또한 그것을 할 수 있다고 진심으로 믿었었네.

젊은이: 맞습니다, 그렇게 생각하고 있었습니다.

노인: 그러나 자네는 마음이 실행할 수 있는 꿈의 생각을 창출해서 마음이 그것을 받아들이게 할 수 없었지?

젊은이: 그렇습니다.

노인: 그리고 마음 스스로 꿈의 생각을 창안한 후에 그 다음의 과정을 지휘할 수도 없었지 않나?

젊은이: 그 역시 그렇습니다. 아무도 그것을 할 수는 없습니다. 깨어 있는 마음과 꿈을 꾸는 마음이 같은 기계라고 생각하시는지요?

노인: 그럴 만한 이유가 있지. 우리는 대낮에도 터무니없고 공상적인 생각을 하기도 하지. 마치 꿈같은 것들을 말일세.

젊은이: 그렇습니다. 그 자신을 보이지 않게 만드는 약을 발명한 웰즈의 주인공[14]과 아라비안나이트 같이요.

노인: 그리고 이성적이고 분명하고 일관되며 비공상적인 꿈들도 있지 않나?

젊은이: 예, 저도 그와 같은 꿈들을 꾼 적이 있습니다. 마치 실제의 삶과 같은 꿈들을요. 그 꿈속에서는 확연히 구별되는 다른 성격의 여러 인물이 나옵니다. 제 마음이 창안한 인물들임에도 불구하고 저에게는 낯선 사람들 같습니다. 세속적인 사람, 고결한 사람, 현명한 사람, 어리석은 사람, 잔인한 사람, 친절하고 자비로운 사람, 호전적인 사람, 평화주의자, 늙은 사람과 젊은 사람, 그리고 아름다운 소녀와 못생긴 소녀. 그들은 각각의 성격에 꼭 맞게 말을 하고 각자 자신의 특징을 잘 간직하고 있었습니다. 생생한 싸움과 심한 모욕, 그리고 사랑의 대화도 있었습니다. 뿐만 아니라 비극적인 것과 희극적인 것도 있었습니다. 다시 말하

---

14. 영국의 작가 H. G. Wells의 공상과학 소설의 하나인 《투명인간》을 말한다.

자면 사람의 마음을 파고드는 슬픔과 웃게 만드는 말과 행동이 모두 있었습니다. 정말로 모든 것이 실제의 생활과 같았습니다.

노인: 자네의 꿈꾸는 마음이 그러한 계획을 창안하고 일관되게 그리고 예술적으로 그것을 발전시켜 이 작은 드라마와도 같은 꿈을 자네의 도움이나 제안 없이 훌륭하게 실행시켰다는 것인가?

젊은이: 그렇습니다.

노인: 깨어 있을 때도 자네의 도움이나 제안 없이 그와 같은 것을 할 수 있고 또한 실제로 그렇게 하고 있다고 생각하네. 즉 꿈을 꿀 때나 깨어 있을 때나 마음은 결코 자네의 도움을 필요로 하지 않는다는 거네. 그 마음은 순수하고 완전히 독립적이고 자동 기계와 같은 것이네. 내가 자네에게 제안한 다른 실험도 해보았는가?

젊은이: 어떤 실험을 말씀하시는지요?

노인: 자네가 자네 마음에 얼마나 많은 영향력을 미치는가를 알아보는 실험 말일세. 혹시라도 영향을 줄 수 있다면 말이지.

젊은이: 예, 그 실험을 하면서 다소의 재미도 있었습니다. 어르신이 하라는 대로 했습니다. 두 개의 책을 제 눈앞에 펼쳐 놓았습니다. 하나는 지루하고 재미가 없는 것이고, 다른 하나는 흥미로 가득 차서 매우 흥분이 되는 내용이었습니다. 저는 제 마음에게 온전히 그 재미없는 책에 몰두하라고 명령했습니다.

노인: 그 명령에 마음이 복종하던가?

젊은이: 아니요, 그것은 나머지 다른 하나에 몰두하고 있었습니다.

노인: 자네는 마음이 순종하게 열심히 노력했는가?

젊은이: 예, 오직 최선을 다했습니다.

노인: 그렇다면 흥미로운 내용과 읽고 싶지 않았던 내용은 무엇에 관한 것이었나?

젊은이: 흥미로운 부분은 다음과 같은 질문이었습니다. 만약 A가 B에게 1달러 15센트를, 그리고 B는 C에게 2달러 75센트를, C는 A에게 35센트를, 그리고 다시 D와 A가 함께 E와 B에게 그 누구의 16분의 3을 빚졌다는 내용입니다. 그 나머지는 기억나지 않습니다. 그러나 어쨌든 전반적으로 흥미가 없어서 제 마음이 30초조차도 몰두하도록 할 수 없었습니다. 마음이 계속해서 흥미로운 책으로 날아가려고 했습니다.

노인: 그 나머지 다른 책은 무엇이었는가?

젊은이: 그리 중요한 내용은 아니었습니다.

노인: 여하튼 무엇이었는가?

젊은이: 사진이었습니다.

노인: 자네를 찍은 사진이었는가?

젊은이: 아닙니다. 여자의 사진이었습니다.

노인: 자네는 정말로 정직하게 훌륭한 실험을 했군. 두 번째 실험도 했는가?

젊은이: 예, 제 마음에게 조간신문에 난 돼지고기 시장에 관한 기사에 흥미를 가져보라고 명령을 하면서 동시에 십육 년 전의 저의 경험을 상기하도록 했습니다. 마음은 돼지고기 기사에는 신경 쓰지 않고 모든 관심

을 옛날의 사건에 집중시켰습니다.

노인: 그 사건이란 무엇이었는가?

젊은이: 그것은 무장한 무법자가 스무 명의 사람이 지켜보는 가운데 제 얼굴을 때린 것이었습니다. 제가 그것을 생각할 때마다 그 사건은 저를 난폭하게 해 살인 충동을 느끼게 만들었습니다.

노인: 둘 다 훌륭한 실험이었네. 나의 다른 제안도 시도해 보았는가?

젊은이: 저에게 다음과 같은 것을 증명해보라는 실험을 말씀하시는군요. 즉 제가 저의 마음을 그것의 장치대로 움직이게 내버려둔다면 그것은 제 도움 없이 생각할 재료들을 찾게 될 것이고, 그리하여 그것은 외부적인 영향력에 의해 움직이는 자동 기계여서 마치 다른 사람의 두개골에 있는 것처럼 제게 독립적이라는 것을 제게 납득시키게 된다는 것 아닌가요?

노인: 그래, 맞네.

젊은이: 그 제안을 시도해 보았습니다. 면도를 하고 있을 때였습니다. 저는 잠을 잘 잤고 마음은 매우 활기차 심지어 놀이하듯 즐거웠습니다. 그것은 갑자기 제 기억에 떠오른 유년시절의 환상적이고 즐거운 에피소드였습니다. 그 일화는 노란색 고양이가 정원 벽의 꼭대기를 따라 조심스럽게 걸어가는 광경을 보고 생각났습니다. 이 고양이의 색깔이 옛날 고양이를 떠올리게 했고 저는 그 고양이가 설교단의 층계를 올라가는 것을 보았습니다. 곧 그 고양이는 파리잡이끈끈이테이프를 밟아 발이 꼼짝없이 붙어버리게 되었습니다. 고양이가 어떻게 해서든 빠져나

오려고 애를 쓰면 쓸수록 상황은 더욱 악화될 따름이었습니다. 상황이 그렇게 되자 예배를 드릴 수가 없었고 이 광경을 본 신도들은 너무 안타까운 나머지 급기야 눈물까지 흘리는 사람도 있었습니다. 저도 이 상황을 모두 지켜보았습니다. 그리고 그 눈물을 보자 그보다 더 먼 옛날의 더 슬픈 장면이 떠올랐습니다. 그 일은 티에라 델 푸에고(마젤란 해협을 형성하고 있는 남쪽의 큰 섬)에서 있던 일이었습니다. 저는 다윈의 마음이 되어 벌거벗은 한 부족의 남자가 자신의 어린 아들을 사소한 잘못 때문에 바위에 내동댕이치는 것을 보았습니다.[15] 이것을 본 애어머니가 가엾게 죽어가는 아이를 일으켜 세우며 아무 말도 못한 채 자신의 품에 아이를 안고 흐느껴 울었습니다. 그렇다면 제 마음이 그 벌거벗은 흑인부족 여인과 함께 애도하기 위해 그 장면에 계속 멈춰 있었을까요? 아니요. 그것은 곧 그 장면에서 멀어지고 늘 반복되는 기분 나쁜 저의 꿈에 몰두하고 있었습니다. 이 꿈에서 저는 언제나 셔츠 하나만 걸치고 거실에서 훌륭하게 차려입은 신사와 숙녀의 무리 한가운데 위축이 되어 몸을 사린 채 제가 여기에 어떻게 오게 되었는지를 의아해하는 제 자신을 발견합니다. 저로부터는 아무런 도움도 받지 않은 채 제 마음에 의해 창조되어지는 끊임없이 변하는 장면과 장면 그리고 사건과 사건의 파노라마가 펼쳐집니다. 여하튼 마음이 십오 분 동안 기록하고 찍은 무수한 사진들을 어르신께 묘사하고 단순히 그것들의 이름을 대는 것만으로도 두 시

---

15. 여기의 다윈이란 찰스 다윈을 말하며, 이 이야기는 그의 《비글 호(號) 항해기》 제10장에 나온다.

간은 더 걸릴 것입니다.

노인: 자유롭게 남겨진 인간의 마음은 인간의 도움을 필요로 하지 않지. 그러나 인간이 도움을 바랄 때 마음의 도움을 얻을 수 있는 한 가지 방법이 있다네.

젊은이: 그 방법이 무엇인가요?

노인: 자네의 마음이 이 주제에서 저 주제로 넘나들고 그리고 하나의 영감이 떠오를 때 자네의 입을 열어 그 문제에 대해 말을 하거나 펜을 들어 그것을 사용해보게. 그것이 자네의 마음을 흥미롭게 하고 집중시켜 만족감이 그 주제를 추구하게 할 것이네. 그리하여 마음은 완전히 충전되어 스스로 단어들을 준비할 걸세.

젊은이: 그러나 제가 마음에게 무엇을 말해야 할지를 알려줘야 하지 않나요?

노인: 물론 그렇지만 확실히 자네가 그걸 말할 시간이 없는 경우도 있을 걸세. 그럴 때 자네가 미처 무엇이 나올지를 알기도 전에 단어들이 튀어나오는 거지.

젊은이: 예를 들면요?

노인: "위트의 번뜩임" 즉 레파티(재치 있는 말재주, 재담才談) 같은 거라네. 번뜩임이라는 말이 적절한 단어일 수 있겠네. 그것은 단어들을 정리할 시간도 없이 바로 튀어나오는 거지. 뿐만 아니라 생각하거나 숙고하는 것도 없지. 위트라는 행위는 모두 자동적으로 튀어나와 어떠한 도움도 필요치 않는 것이라네. 이 위트의 작용이 부족하면 어떤 공부나 사색도

그 결과물을 창출해낼 수가 없는 것이지.

젊은이: 즉 인간이란 그 어떤 것도 창출해내지 못한다는 말씀이시군요.

∷ 사고(思考)의 과정

노인: 그렇다네, 인간이 인지한 것들을 뇌라는 기계가 자동으로 조합하는 것이지. 그것이 전부라네.

젊은이: 그러면 증기기관은요?

노인: 그것을 발명하는데 오십 명의 사람들이 백 년의 세월을 보냈지. 발명을 한다는 것의 한 가지 의미는 발견을 한다는 것이지. 나는 발명이란 단어를 그런 의미에서 사용하고 있네. 사람들이 조금씩 발견해 완벽한 기관을 만드는 많은 세부적인 것들을 응용하는 것이지. 와트[16]가 수증기가 찻주전자의 뚜껑을 들어올리기에 충분하다는 것을 알아차렸지. 그는 그 아이디어를 창출해낸 것이 아니라 단지 그 사실을 발견한 것뿐이라네. 아마도 고양이는 수백 번 그것을 알아차렸을 것이네. 찻주전자로부터 실린더를 생각해냈고 증기에 의해 들썩거리는 찻주전자의 뚜껑에서 피스톤을 고안해낸 것이지. 피스톤에 의해 움직여지는 무언가를 장착하는 것은 간단한 문제로 그것이 바로 크랭크와 바퀴였지. 이렇게

---

16. James Watt, 1736~1819. 영국의 기계기술자. 증기기관의 개량자. 그가 처음으로 증기기관을 만들어 특허를 얻은 것은 1769년이었다.

하여 움직이는 기관이 탄생하게 된 것이네.[17] 그리하여 하나씩 하나씩 그들의 창조력이 아니라 그들의 눈을 빌린 인간들에 의해서 발전이 이루어졌네. 왜냐하면 인간에겐 창조적인 힘이 존재하지 않기 때문이지. 그리고 이제 일백 년이 지난 후에 끈기 있는 오십 명 또는 백 명의 발견자들의 기여로 정기여객선을 움직이게 하는 훌륭한 기계를 탄생시킬 수 있었던 것이지.

젊은이: 셰익스피어의 희곡은 어떤가요?

노인: 그 과정도 마찬가질세. 최초의 배우는 원시부족민이었네. 그들이 전쟁의 춤, 스캘프 댄스[18] 그리고 그의 실제의 삶에서 본 여러 다양한 사건들을 연극적으로 재구성했네. 점점 더 진보된 문명사회는 더 많은 사건과 에피소드를 만들어냈고 배우와 극작가들이 그것들을 차용하게 된 것이지. 이리하여 연극이 점진적으로 발달하게 되었네. 연극은 창조된 것이 아니라 삶의 사실들로부터 이루어진 것이네. 그리스연극이 발달하기까지는 몇 세기가 걸렸지. 그리스연극 또한 이전의 시대에서 차용하여 다음 후대에 형식과 내용을 전해주었지. 인간은 관찰하고 총합한 것, 단지 그뿐이라네. 아마도 쥐도 그것을 할 수는 있을 거야.

젊은이: 어떻게 말입니까?

노인: 쥐는 냄새를 관찰하고 치즈가 있다는 것을 짐작하여 찾아 나서고 그리하여 발견하게 되네. 천문학자도 이것저것을 관찰하고 이것을

---

17. 이것은 와트가 증기기관을 발명하기 한 세기도 전에 워스터 후작이 이미 했었다.
18. 특히 아메리칸 인디언이 전리품으로서 적의 시체에서 머리를 벗기는 행위.

백 년 전의 천문학자의 발견에 추가하면서 눈에 보이지 않는 행성을 추론하며 그것을 찾고 결국은 발견하는 것이지. 그리고 다시 쥐의 경우로 돌아가서 덫에 걸려 어렵사리 덫에서 빠져나온 쥐는 덫에 있는 치즈조각은 자기에게 전혀 가치가 없다고 생각하고 더 이상 덫에는 신경을 쓰지 않는다네. 천문학자는 그의 업적을 자랑스러워하고 쥐도 그렇다네. 그러나 그 둘은 결국 기계라는 것이지. 그들은 단지 기계가 할 일을 한 것뿐이고 어떤 것도 창출해내지 못했지. 그래서 자만심에 가득 찰 권리가 없네. 이러한 모든 영예는 창조주의 것이지. 그리하여 그들은 명예와 찬사를 받을 자격은 전혀 없으며 그들이 죽을 때 기념비를 세울 이유도 없는 것이네. 천문학자는 복잡하고 정교한 기계인 데 반해서 쥐는 단순하고 제한적인 기계라는 것 뿐, 원리나 기능 그리고 과정 면에서는 모두 같다네. 그들 모두 자동적으로 움직일 뿐이며 그들 어느 누구도 정당하게 상대방에 대해 인간적인 우월성이나 존엄성을 주장할 수가 없을 걸세.

젊은이: 그렇다면 인간의 존엄성이나 그가 한 행위에 대한 인간적인 가치 면에서 인간은 쥐와 똑같은 단계에 있는 것이 당연하다는 말씀이신가요?

노인: 그의 형제격인 쥐와 같다네. 내게는 그렇다네. 그들 어느 누구도 그가 한 것에 대해서 인간적인 가치를 부여받을 만한 자격이 없으며, 어느 누구도 상대에 대해 스스로 만들어낸 자기 자신에 대한 우월성을 부당하게 사용할 권리는 없다네.

젊은이: 어르신은 이런 말도 안 되는 사실을 믿으려는 것인지요? 대조된 사실과 실례로 입증된 반론이 존재함에도 불구하고 이것을 계속 믿으려 하시는지요?

노인: 나도 한때 겸손하고 성실하게 진실한 진리를 추구하는 사람이었네.

젊은이: 정말 그러셨는지요?

노인: 겸손하고 진지하고 성실하게 진리를 추구하는 사람은 언제나 그러한 방법에 의해 개종될 수가 있는 것이네.

젊은이: 그렇게 말씀하시다니 하나님께 감사드려야겠군요. 왜냐하면 이제 어르신의 개종이…….

노인: 잠깐만, 자네가 오해를 한 것 같네. 나는 단지 내가 한때 진리를 추구하는 사람이었다고 말한 것뿐이네.

젊은이: 그런데요?

노인: 지금은 그렇지가 않다는 것이네. 자네 혹시 잊어버렸나? 내가 자네에게 단지 일시적으로 진리를 추구하는 사람들이 있을 따름이며 영원히 진리를 추구하는 것은 인간에겐 불가능다고 말하지 않았나. 진리 탐구자가 진리라고 완전히 확신을 하게 되자마자 그는 더 이상 진리를 추구하려 하지 않고 보수하고 물이 새지 않도록 그리고 비바람에 견디어 함몰되지 않도록 이것저것 잡동사니를 구하러 다니다 나머지 세월을 보내게 되네. 이런 까닭에 장로교 신도는 평생을 장로교 신도로, 이슬람교도는 이슬람교도로, 심령주의자는 심령주의자로, 민주당원은

민주당원으로, 공화당원은 공화당원으로, 군주제주의자는 군주제주의자로 평생을 사는 거겠지. 만약 겸손하고 진지하고 성실한 진리 탐구자가 달은 녹색의 치즈로 만들어졌다는 명제에서 진리를 발견했다면, 어떤 것도 그 명제를 믿고 있는 그를 조금도 움직이지 못할 것이네. 왜냐하면 그는 단지 자동 기계에 불과하며 그의 본성의 법칙에 순종해야만 하기 때문이네.

젊은이: 그런 다음에는요?

노인: 결국 다음과 같은 진리를 발견하게 된 것이지. 즉 그 진리란 의심의 여지없이 인간은 단지 자기 자신의 마음을 만족시키려는 유일한 충동을 가지고 있고, 그가 하는 어떤 것에도 인간적인 가치를 받을 자격이 없으며, 그가 진리를 심오하게 추구한다는 것은 인간에게는 가능하지 않다는 것이네. 그래서 결국 남은 세월도 내 보잘 것 없는 진리를 보수하고, 페인트칠을 하고, 접합하고, 물이 새지 않게 막는 데 쓰게 되네. 그리고 내 진리에 대해 설득하려는 논쟁이나 반대하는 사실을 접하게 될 때 외면하는 데 보내게 될 것이네.

6

본능과 사고

내가 약속할 수 있는 최후의 것은 오직 이것뿐이다. 나는 인간을 '개혁'할 것이다. 그렇다고 어떤 새로운 우상을 만들겠다는 뜻은 아니다. 이 낡은 우상들에 대해서는 진흙으로 만든 두 다리가 무엇에 걸려 넘어지는지만 알아내면 그만이다.

— 프리드리히 빌헬름 니체

Mark Twain

젊은이: 참으로 불쾌한 말씀이시군요. 쥐와 그 밖의 모든 것에 관한 얼토당토하지 않은 어르신의 이론은 인간에게서 모든 인간의 존엄성, 위대함, 그리고 고상함을 완전히 벗겨버리고 있습니다.

노인:　인간에게는 원래 벗게 할 만한 어떤 것도 없다네. 인간이 걸친 것들은 모두 가짜, 훔친 옷들이니까 말이야. 그는 순전히 그를 만든 창조주의 것인 영예를 요구하고 있는 셈이지.

젊은이: 그러나 어르신에게 인간을 쥐와 같은 레벨에 놓을 권리는 없지 않습니까?

노인:　도덕적으로 그 둘을 같은 레벨에 놓지는 않네. 그렇게 한다면 쥐에게 공평하지 못할 테니까 말일세. 왜냐하면 도덕적인 면에서는 쥐가 사람보다 우위에 있으니까.

젊은이: 농담을 하시는 건가요?

노인:　아니, 그렇지 않네.

젊은이: 그렇다면 무슨 말씀을 하시는 것인지요?

노인:　그 얘기는 도덕의식에 속하는데, 논의하기에는 너무 큰 질문이라네. 그것에 대해 얘기하기 전에 지금 우리가 하는 이야기를 먼저 끝마치도록 하세.

젊은이: 좋습니다, 어르신은 인간과 쥐를 같은 레벨에 놓은 것을 인정하신 것 같습니다. 어떤 면에서 그런가요? 지적인 면에서요?

노인:　정도가 아니라 형태면에서 그렇다는 것이네.

젊은이: 설명을 해주시지요.

노인:　내 말은 쥐의 마음이나 인간의 마음이나 똑같은 기계라는 것은 같지만 능력 면에서는 똑같지 않다는 것이네. 자네의 능력과 에디슨의 능력이, 아프리카의 피그미족의 능력과 호메로스의 능력이, 그리고 부시맨의 능력과 비스마르크의 능력에 차이가 있는 것처럼 말일세.

젊은이: 하등동물은 지적인 능력이 없고 단지 본능만이 있는 데 반하여 인간은 이성이란 것을 소유하고 있는데 어떻게 그런 결론이 나옵니까?

노인:　본능이란 무엇인가?

젊은이: 그것은 전혀 생각 없이 유전된 습성의 기계적인 것이지요.

노인:　그렇다면 무엇이 습성을 만들어냈는가?

젊은이: 최초의 동물이 그것을 시작했고 후손들이 물려받았겠지요.

노인:　그럼 최초의 동물은 어떻게 그것을 시작하게 되었을까?

젊은이: 그것은 잘 모르겠습니다만 최초의 동물이 그것을 생각해내지는 않았을 것입니다.

노인: 자네는 어떻게 그것을 알고 있는가?

젊은이: 저에게도 그럴 거라고 추측할 권리는 있습니다.

노인: 나는 자네에게 그럴 권리가 있다고는 믿지 않네. 그렇다면 사고 思考란 무엇인가?

젊은이: 어르신은 사고란 것을 다음과 같이 정의 내린다는 것을 알고 있습니다. 즉 그것은 외부로부터 받은 인상들을 기계적이고 자동적으로 조합하여 어떤 추론을 이끌어낸다는 것이지요.

노인: 매우 잘 알고 있군. 그렇다면 무의미한 용어인 "본능"에 대한 내 정의는 다음과 같네. 본능이란 단지 무감각해진 사고요, 굳어지고 습성에 의해 생명이 없어진 죽은 것으로 한때는 살아 있고 깨어 있었으나 의식이 없어져 말하자면 잠을 자면서 걷는 사고와 같다고 할 수 있네.

젊은이: 예를 들어 설명을 해주시지요.

노인: 목장에서 풀을 뜯고 있는 소 떼를 한번 생각해보세. 그 소들은 모두 머리를 한 방향으로 하고 있지. 소들은 그것을 본능적으로 하고 있네. 그렇게 함으로써 얻어지는 것도 없고 그렇게 해야만 하는 이유도 없으며, 왜 그렇게 하는지도 모르고 있지. 그것은 원래부터 생각된 물려받은 습성이네. 다시 말하자면 외부적인 사실의 관찰이고 그러한 관찰로부터 이끈 가치 있는 추론이며 경험에 의해서 확인되어진 것이네. 최초의 야생 황소는 자기 쪽으로 불어오는 바람으로 적의 냄새를 맡을 수가

있어서 도망갈 시간을 마련할 수 있었지. 그래서 코를 바람의 방향으로 유지하는 것이 그럴 만한 가치가 있다고 유추하게 되었네. 그것이 바로 인간이 추론하는 과정이라 부르는 것이네. 인간의 생각하는 기계는 바로 다른 동물들과 똑같이 작용할 뿐이나 좀 더 우수하여 에디슨과 같다고 할 수 있겠지. 인간이 만약 황소의 입장이라면 좀 더 깊고 넓게 추론하여 무리의 일부는 다른 방향을 취하게 하여 전방과 후방 둘 다 보호하게 할 것이네.

젊은이: 본능이란 용어는 무의미하다고 말씀하셨지요?

노인: 나는 그것은 못된 단어라고 생각하네. 그리고 그 용어는 우리를 혼란스럽게 한다고 생각하지. 왜냐하면 대체로 그 용어는 최초의 사고에서 비롯된 습관이나 충동을 가리키는데, 때때로 그러한 규칙을 깨고 전혀 사고에 기원을 두었다고 주장할 수 없는 습관을 가리키기도 하기 때문이지.

젊은이: 예를 들어 주시지요.

노인: 가령 바지를 입는 데 있어서 인간은 언제나 오른쪽 다리가 아니라 왼쪽 다리를 먼저 넣는다네. 그렇게 하는데 특별한 이점이나 의미가 전혀 없는데도 말일세. 모든 사람이 그렇게 하지. 내가 짐작한 바로는 그렇게 하는 것을 생각해냈다거나 무슨 목적이 있어 그렇게 하기로 한 것은 아닌 것 같네. 그러나 그것은 의심의 여지없이 전해 내려오는 습관이고 또 계속 전해질 것이네.

젊은이: 그런 습관이 존재한다는 것을 증명할 수 있는지요?

노인: 만약 의심스럽다면 자네가 그 습관을 증명할 수가 있다네. 예컨대 어떤 한 사람을 옷가게에 데려가 수십 벌의 바지를 입어보게 해보고, 그것을 지켜본다면 확실히 그렇다는 것을 알게 될 것이네.

젊은이: 황소의 예는…….

노인: 어리석은 동물의 마음이라는 기계와 추론하는 과정이 인간의 마음이라는 기계와 추론의 과정과 똑같다는 것을 보여주기에는 충분하지 않았단 말인가? 그렇다면 좀 더 자세한 예를 들어 설명을 해보겠네. 가령 자네가 어떤 숨겨진 장치에 의해 열리게 만들어 놓은 상자를 에디슨에게 건넨다면 그는 스프링이라는 것을 추론해 마침내 그것을 찾게 될 것이네. 그리고 내 옛날 얘기를 하나 해보겠네. 내 삼촌에겐 늙은 말 한 마리가 있었는데 그 말이 옥수수 창고의 문을 열고 몰래 옥수수를 먹곤 했다네. 그러나 벌은 항상 내가 받았지. 왜냐하면 내가 그 문의 빗장을 제대로 잠그지 않은 것으로 여겨졌기 때문이라네. 이러한 반복적인 처벌은 나를 지치게 만들었고 또한 나로 하여금 어딘가에 이런 일을 저지르는 범인이 있지 않을까 하는 추론을 하게 만들었네. 그리하여 나는 몸을 숨기고 그 문을 지켜보기로 했네. 이윽고 그 말이 오더니 이빨로 빗장을 풀고는 옥수수 창고 안으로 들어가는 게 아닌가! 아무도 그것을 말에게 가르쳐주지 않았는데 그 말 스스로가 관찰을 해서 생각해낸 것이었지. 그 말이 추론하는 과정과 에디슨의 추론과 다르지가 않다는 것이지. 이것저것을 조합하여 추론한 결과 빗장을 여는 법을 알아내게 된 것이네. 물론 나는 그것 때문에 그 말을 혼내 주었지만 말일세.

젊은이: 그 말이 생각해낸 것 같기도 하지만 여전히 매우 정교한 생각은 아닙니다. 더 자세하게 말씀해주시지요.

노인: 그럼 예를 들어보겠네. 에디슨이 어떤 사람에게 대접을 잘 받아 계속해서 그의 집을 찾아갔다네. 그런데 어느 날 그 집이 비었던 거지. 그래서 그는 집주인이 이사를 갔다고 유추하게 되었지. 그런 얼마 후에 다른 마을에서 그 남자가 어느 집에 들에 가는 것을 보게 되었네. 그때 에디슨은 그 사람이 새로운 집으로 이사를 왔구나 하고 추론하면서 물어보기 위해서 그를 쫓아갔다네. 그리고 또 다른 예로 어떤 박물학자가 이야기한 갈매기의 경험담이 있네. 이 이야기의 공간적 배경은 스코틀랜드 지방의 어느 어촌 마을인데, 이곳에서는 갈매기들이 좋은 대접을 받고 있었지. 그리고 앞서 얘기한 그 특별한 갈매기가 어떤 오두막집에 갔는데 먹이 대접을 잘 받았네. 그래서 이 갈매기는 그 다음날도 가서 먹이를 잘 얻어먹고 그 다음 번에는 집 안으로 들어가 가족과 함께 먹었다네. 그리고 그 후에는 거의 날마다 갈매기는 그 집을 찾아갔지. 그러던 어느 날 갈매기가 며칠 동안 여행을 갔다 돌아왔을 때 그 집은 비어 있었지. 갈매기의 친구였던 그 오두막집 사람들은 삼 마일 떨어진 다른 마을로 이사를 갔던 것이지. 그리고 수개월 후에 갈매기가 길거리에서 그 오두막집의 가장을 보았고 집으로 가는 그를 따라가 아무런 실례 인사 없이 그 집으로 들어가 다시 날마다 그 집에 놀러가게 되었다네. 갈매기들은 원래 지능이 높지 않지만 이 갈매기는 자네도 알다시피 기억력과 추론을 하는 능력을 갖고 있어서 에디슨처럼 응용을 한 것이지.

젊은이: 그렇다고 해도 그 갈매기를 에디슨과 같다고 할 수는 없고 에디슨처럼 발전할 수도 없을 것입니다.

노인: 아마 그럴 테지. 자네의 경우는 어떤가?

젊은이: 저의 경우는 이쪽도 저쪽도 아닌 것 같은데요, 여하튼 계속하시지요.

노인: 만약 에디슨이 곤경에 처해 있는데 어떤 낯선 사람이 에디슨을 도와 그 문제를 해결했다면 다음날 같은 어려움에 처하게 되었을 때 에디슨이 만약 그 사람의 주소를 알고 있다면 에디슨은 자기가 해야 할 현명한 일을 추론해낼 수 있을 것이네. 여기 박물학자가 이야기한 어떤 새 한 마리와 어느 낯선 사람과의 사례가 있네. 어느 날 한 영국 사람이 그의 정원 아래에서 새 한 마리가 자신의 개 머리 근처를 날아다니고 있는 것을 보았지. 그러더니 잠시 후에 고통에 찬 새 울음소리를 듣게 되었네. 그 남자는 무슨 일인지 알아보기 위해서 그곳으로 갔는데 자신의 개가 어린 새를 입에 물고 있는 게 아닌가, 다행히 크게 다치지는 않았지만 말이야. 그래서 그 영국신사가 새끼새를 구해 덤불 속으로 놓아주고는 개를 데리고 갔지. 다음 날 이른 아침에 어미 새가 영국신사를 찾아왔을 때 그는 베란다에 앉아 있었지. 그 어미 새는 날갯짓을 하여 그로 하여금 마당의 멀리 떨어진 곳으로 자기를 따라오게끔 했네. 그보다 조금 앞서 날며 그를 기다리면서 말이야. 곧장 가는 길을 놔두고 구불구불한 길을 고집하면서 말이지. 그렇게 해서 따라간 거리가 4백 야드나 되었다네. 이번에도 범인은 그 개였다네. 개가 또 다시 어린 새를 물고 있

었고 그 개는 다시 한 번 어린 새를 포기해야만 했지. 그 어미 새는 이 모든 것을 추론해낸 것이네. 즉 영국신사가 한 번 자기를 도와주었기 때문에 그가 다시 도와줄 것이라고 유추해낸 것이지. 어미 새는 그가 어디에 있는지 알고 있었고 그리고 자신감을 가지고 자기의 용건을 위해 날아왔던 거지. 어미 새가 추론하는 지적인 과정은 에디슨의 그것과 같았을 것이네. 즉 이것저것을 조합하여(결국 이 모든 것은 사고라 할 수 있네) 그것에서 추론의 논리적인 과정을 이끌어낼 수가 있었던 것이지. 아마도 에디슨 자신도 이런 추론의 과정을 더 잘할 수는 없었을지도 모르겠네.

젊은이: 말 못하는 많은 동물이 생각을 할 수 있다고 믿으시는지요?

노인: 그렇다네. 코끼리, 원숭이, 말, 개, 앵무새, 구관조, 그리고 그 밖의 많은 동물이 있지. 가령 자기 짝이 구덩이에 빠졌을 때 코끼리는 구덩이에 빠진 짝이 나올 수 있도록 흙과 쓰레기를 쏟아 부어 구덩이의 밑바닥을 채우지. 이런 것을 보면 추론의 능력으로 단단히 무장이 되었다고 할 수 있지 않나. 내 생각에는 학습과 훈련을 통해서 배울 수 있는 모든 동물은 관찰하고 이것저것을 조합하여 추론을 이끌어내는 사고의 과정을 배워야 한다고 보네. 자네는 바보에게 무기 사용법을 가르쳐주어 전진하고 후퇴하는 명령 한 마디에 복잡한 실전 기술들을 가르칠 수 있다고 보는가?

젊은이: 만약 완전한 바보라면 안 될 수도 있겠지요.

노인: 글쎄, 카나리아 새들도 그런 모든 것을 배울 수 있네. 개와 코끼리도 모든 종류의 굉장한 것을 배울 수가 있지. 이런 동물들은 확실히

무언가를 잘 알아차려 이것저것을 조합하여 다음과 같이 자기 자신에게 말하는 것이 분명한 것 같네. "아, 이제 알겠구나. 내가 명령에 따라 이렇게 저렇게 할 때 칭찬으로 먹이를 받고 다르게 할 때는 벌을 받는구나"라고 말일세. 아마 벼룩도 국회의원이 할 수 있는 일을 거의 배울 수 있을 것이네.

젊은이: 그럼 동물들도 낮은 수준의 것은 생각할 수 있다는 것을 인정한다 할지라도 높은 수준의 것을 생각할 수 있는 동물이 있을까요? 인간의 레벨 정도인 동물이 있나요?

노인: 물론 있다네. 사고하고 계획하는 면에서 개미는 여느 다른 야만인 부족과 똑같다네. 여러 기술적인 면에서 스스로 터득한 전문가로서 개미는 어느 다른 야만인 부족보다 월등하다네. 한 가지 또는 두 가지 높은 정신적인 능력에서 개미는 어떤 야만인 또는 문명화된 인간보다 뛰어나다네!

젊은이: 무슨 그런 말씀을! 어르신은 인간과 동물을 구별 짓는 지적인 경계를 무너뜨리고 있습니다.

노인: 그게 무슨 말인가? 존재하지도 않은 것을 무너뜨릴 수는 없지.

젊은이: 진정으로 하시는 말씀은 아니시겠지요. 정말로 진지하게 구별 짓는 그런 경계가 없다고 말씀하실 수는 없습니다.

노인: 내가 주장하는 바는 진심일세. 말, 갈매기, 어미 새, 그리고 코끼리의 예가 동물들도 이것저것을 조합하여 그러한 추론을 이끌어낸다는 것을 보여주고 있지. 아마 에디슨도 이와 같이 조합하여 같은 추론을 이

끌어냈을 것이네. 이러한 동물들의 사고 메커니즘과 작용하는 방법적인 부분도 에디슨의 것과 똑같았다는 얘기지. 그들의 장치가 스트라스부르제의 시계보다는 열등하지만 그것만이 유일한 차이점이지. 즉 확연한 경계라는 것은 없다는 것이네.

젊은이: 그 말씀은 진실처럼 보이며 사람 약 오르게 하여 확실히 기분을 상하게 합니다. 또한 말 못하는 짐승을 승격시키는……

노인: 이제 거짓문구는 그만두고 그들을 밝혀지지 않은 생물이라고 부르세. 우리가 아는 한 말 못하는 짐승이란 없는 것이니까 말일세.

젊은이: 무슨 근거로 그렇게 단언하시는지요?

노인: 너무나 명백한 근거하에 그렇다네. "말 못하는" 짐승이란 생각의 체계, 이해력, 말이라는 것, 그리고 머릿속에 떠오르는 것을 소통하는 어떤 방법도 가지고 있지 않은 동물을 의미하는 것이지. 우리는 암탉이 말(이야기)을 가지고 있다는 것을 알고 있네. 암탉이 말하는 모든 것을 이해할 수는 없지만 우리도 쉽게 암탉이 하는 두세 마디의 말들을 알고 있지. 암탉이 "내가 알을 낳았어요"라고 말할 때를 알고, 새끼 병아리들에게 "이리로 달려오렴, 얘들아, 엄마가 맛있는 벌레를 발견했단다"라고 말할 때 그 의미를 알아듣지. 또한 암탉이 다음과 같이 경고의 목소리를 낼 때 무엇을 말하려는지 알고 있네. "어서 빨리 서둘러라! 엄마밑으로 몸을 숨겨라. 매 한 마리가 오고 있어!" 우리는 고양이가 애정과 만족함으로 목소리를 가르랑거리며 기지개를 켜고는 "자, 얘들아, 저녁준비가 다 되었다"라며 부드러운 목소리로 말하는 것을 알아듣네. 뿐만

아니라 고양이가 "도대체 얘들이 어디에 있는지 모르겠네. 얘들을 잃어버렸나 봐요. 새끼 고양이들을 찾는 것을 도와주시지 않을래요?"라며 울먹거리며 말을 할 때 그 의미를 알아듣네. 또 한편 성질이 고약한 수고양이가 한밤중에 자기 보금자리에서 나와 "이 악당 같은 놈! 내가 너와 한판 결투를 벌여야겠다!"라며 도전하는 것을 알아들을 수가 있지. 우리는 개가 하는 몇 마디를 알아듣고 가정에서 길들이며 키우면서 관찰하는 새나 다른 동물의 몇 가지 소리들이나 몸짓을 이해하는 것을 알고 있지. 우리가 알아듣는 암탉의 몇 가지의 말이 갖는 명료함과 정확성은, 암탉이 우리가 이해할 수 없는 수백 가지로 같은 종족과 의사소통을 할 수 있다는 것을 확실하게 보여주고 있는 것이네. 즉 한 마디로 암탉은 대화를 나눌 수가 있다는 것이지. 그리고 이런 주장은 아직 밝혀지지 않은 무수히 많은 다른 것의 경우에도 적용이 되네. 인간의 무딘 인식능력 때문에 동물이 말을 못한다고 하는 것은 인간의 자만과 건방짐에 지나지 않네. 자, 그럼 이제 개미에 관해서……

젊은이: 예, 어르신의 생각처럼 인간과 밝혀지지 않은 것 사이의 지적인 경계의 마지막 경계조차 허물어버리는 생물인 개미 이야기로 다시 돌아가시지요.

노인: 그것이 정말로 개미가 하는 것이라네. 역사상 토착 호주 원주민은 결코 그들 스스로 집이라는 것을 생각해 짓지 못했지. 이에 비하면 개미는 굉장한 건축가지. 개미는 아주 작은 생물이나 높이가 팔 피트나 되는 튼튼하고 견고한 집을 짓네. 그 집의 규모란 개미의 크기에 비한다

면 인간에게는 가장 큰 제우스의 신전이나 대성당에 비유될 만한 것이네. 어떤 원시 종족도 천재성과 문화적 안목을 가지고 공간에 접근할 수 없었지. 어떤 문명화된 종족도 개미처럼 쓸모에 맞는 집을 설계할 수는 없었네. 개미집은 여왕개미를 위한 왕실, 새끼 개미들을 위한 육아실, 먹이창고, 여왕개미의 호위병 개미들과 일개미들을 위한 방, 기타 등등을 갖추고 있지. 그리고 이 모든 것과 서로서로 의사소통을 할 수 있는 다양한 공간과, 복도의 편의성과 적합성에 걸맞게 교육받고 경험이 많은 안목으로 배열되고 나뉘어져 있네.

젊은이: 그것은 단지 본능에 지나지 않습니다.

노인:　만약 원시인에게 본능이 있다면 그들의 수준은 한 단계 높아질 것이네. 그러나 우리가 결정하기 전에 좀 더 자세히 들여다보세. 개미는 대대, 연대, 군단과 같은 군대가 있고 전쟁터에서 그들을 이끄는 임명된 대위들과 장군들이 있네.

젊은이: 그것 또한 본능이겠지요.

노인:　더 깊이 관찰해보세. 개미는 정부라는 조직체계도 가지고 있는데, 그것은 잘 계획되고 정교할 뿐만 아니라 계속 유지가 잘되고 있지.

젊은이: 그것 역시 본능이지요.

노인:　개미는 무수히 많은 노예들이 있고 이러한 노동력을 엄격하고 가혹하게 다루고 있지.

젊은이: 본능이지요.

노인:　암소 같은 것들도 있어 우유를 짜고 있지.

젊은이: 물론 본능이지요.

노인: 텍사스에는 개미가 12평방미터나 되는 농장을 구획하여 씨를 뿌리고 잡초도 뽑고 잘 경작하여 농작물을 거둬 저장하고 있네.

젊은이: 그렇다할지라도 본능에 불과합니다.

노인: 그렇다면 또 다른 이야기를 들려주겠네. 개미는 친구와 이방인을 구별한다네. 존 러벅 경[19]이 서로 다른 두 개미집에서 개미들을 선택해 위스키로 개미들을 취하게 해 의식이 없는 상태에서 물가 근처에 있는 두 개미집 중 하나 옆에 놓았네. 그러자 잠시 후 그 개미집에서 개미들이 나와 자세히 관찰을 하고, 이 볼썽사나운 생물들에 대해 진지하게 토론을 한 다음, 그들의 친구 개미들은 집으로 데려가고 낯선 개미들은 물속으로 던졌다네. 존 러벅 경은 이러한 실험을 여러 번 반복했지. 그랬더니 한동안은 술에 취하지 않은 정신이 말짱한 개미들이 첫 번째 실험에서 했던 것과 마찬가지로 그들의 친구 개미들은 집으로 데려가고 낯선 개미들은 물속으로 던져버렸네. 그러나 이런 상황이 계속되자 마침내 그들의 잘못을 고치려는 노력이 헛수고로 돌아간다는 것을 알고는 인내심의 한계를 느껴 친구 개미들과 낯선 개미들 모두를 물속으로 던져버렸네. 자, 그렇다면 이것은 본능인가? 아니면 그들의 경험에 비추어 완전히 새로운 생각을 해낸 깊고 지적인 토론인가? 즉 비유하자면

---

19. Sir John Lubbock, 1834~1913. 영국의 은행가, 정치가, 과학자, 저술가. 원래는 은행가였는데 국회의원으로도 활약했고 고고학자, 생물학자로서도 많은 업적을 남겼다. 그의 저서 《The Use of Life》가 유명하다.

일종의 평결이 내려지고 최종 심판이 행해진 것 아닌가? 다시 말해 오 랜 세월의 습성으로 인해 굳어져버린 본능인가? 아니면 새로운 사건, 새로운 상황에 의해 고무된 완전히 새로운 생각이 아닌가 말이야?

젊은이: 저도 그렇다고 인정해야 할 것 같습니다. 그것은 습성의 결과물 이 아닌 것 같습니다. 그것은 어르신이 표현하신 대로 이것저것을 조합 한 심사숙고함, 즉 사고의 모든 면모를 갖추고 있습니다. 그것이 확실히 사고라는 것을 믿습니다.

노인: 내가 자네에게 개미에게 사고의 능력이 있다는 또 다른 예를 보 여주겠네. 그 유명한 프랭클린 박사[20]가 방 테이블 위에 설탕이 든 컵을 하나 놓았지. 그랬더니 개미들이 그 설탕 컵 주위로 모여들기 시작했지. 그래서 그가 몇 가지 조치를 취해 보았으나 개미들이 한수 위였네. 마침 내 그가 개미들의 접근을 완전히 차단하는 방법을 고안해냈네. 정확하 게 기억은 나지 않지만 아마도 테이블의 다리를 물이 있는 접시에 고정 시키는 것이거나 설탕 컵 주위에 타르를 원 모양으로 발랐을 것이네. 어 쨌든 그러고 나서 그는 개미들이 어떻게 하는지를 지켜보았네. 여러 가 지 방법을 시도했으나 모두 실패하자 개미들은 매우 당혹해했지. 결국 개미들은 회의를 열어 그 문제에 대해 토론을 하더니 한 가지 결정에 도 달하게 되었는데, 이번에는 개미들이 이 위대한 철학자를 이기게 되었 지. 그 결정이란 개미들이 일렬로 줄을 맞춰 마룻바닥을 건너 벽을 기어

---

20. Benjamin Franklin, 1706~1790. 미국의 정치가, 과학자, 발명가. 주요 저서로 1868년의 《자서전》이 있다.

올라가 설탕 컵이 있는 지점 바로 위의 천장으로 행진을 한 후에 한 마리씩 차례차례 설탕 컵을 향해 아래로 떨어지는 것이었네! 그렇다면 이것이 오랜 세월을 거쳐 유전된 습성에 의해 굳어진 사고라는 본능이란 말인가?

젊은이: 아닙니다, 그것이 본능이라고 생각되지 않습니다. 그것은 전혀 낯선 위급 상황에 대처하기 위해 논리적으로 생각해낸 묘안이었습니다.

노인: 바로 맞았네. 자네도 앞서 보여준 두 가지 예들에서 개미에게 추론하는 능력이 있다는 것을 인정했네. 이제 정신적인 어떤 세부적인 면에서 개미가 어떤 인간보다 훨씬 더 뛰어나다는 것을 보여주겠네. 앞에서 존 러벅 경이 많은 실험을 통해서 비록 페인트로 이방인 개미를 위장시킨다 할지라도 개미는 단번에 자기 자신의 종족이 아닌 낯선 개미라는 것을 알아낸다는 것을 증명해주었지. 뿐만 아니라 개미는 개미집에 있는 무려 오십만 마리 하나하나를 알고 있다는 것도 증명해주었네. 게다가 오십만 마리의 개미 중에 일 년 만에 돌아온 한 마리의 개미를 개미들은 곧바로 알아보고 애정이 담긴 환영으로 잊지 않고 알아보는 것에 대한 기쁨을 더하고 있지. 그렇다면 어떻게 잊지 않고 알아볼까? 색깔로도 아니라네. 왜냐하면 페인트로 칠한 개미들도 알아보았으니까 말이야. 냄새로도 아니라네. 클로로포름에 담가진 개미들도 구별되어졌네. 술에 취하고 움직임이 없는 개미들을 알아본 것과 친구 개미와 이방인 개미를 분별해낸 것은 말도 아니고 더듬이의 신호나 접촉에 의한

것도 아니었지. 개미들은 모두 똑같은 종족이기 때문에 무려 오십만 마리의 개미 중에서 친구들을 분간해내는 것은 오직 외형과 특징에 의해서였네! 인간 중에 어느 누가 이와 견줄 만한 형상과 특징에 대한 기억력을 가지고 있겠는가?

젊은이: 물론 없을 것입니다.

노인:　프랭클린 박사의 개미와 러벅 경의 개미는 새롭고 경험해보지 못한 위급 상황에서 이것저것을 잘 조합하여 인간의 정신작용의 과정과 똑같은 조합들에서 명석한 결론을 이끌어내는 훌륭한 능력들을 보여주고 있네. 기억력의 도움으로 인간은 그가 관찰한 것과 추론한 것을 잘 보존하여 그것들에 대해 심사숙고하고, 첨가할 것은 첨가하고 다시 조합하여 단계별로 궁극적인 결과물에 도달할 수가 있었네. 이런 과정으로 찻주전자에서 원양 항로의 쾌속선의 복잡한 엔진으로, 개인의 노동에서 노예 노동으로, 천막으로 지어진 오두막집에서 왕궁으로, 그때그때의 일시적인 수렵생활에서 농사를 지어 농작물을 보관하는 생활로, 유목민의 생활에서 안정된 형태의 정부와 중앙집권적 권력의 형태로, 오합지졸식의 무리에서 정렬된 군대로 발전하게 되었던 거지. 개미또한 관찰과 추론하는 능력뿐만 아니라 굉장한 기억력을 가지고 있네. 그리하여 인간의 발전과 인간의 문명을 이루는 데 꼭 필요한 특징들을 그대로 표현해 냈는데, 이 모든 것을 본능이라 불러야 하겠는가!

젊은이: 아마 저 자신이 추론하는 능력이 부족했나봅니다.

노인:　무슨 그런 말을 하나, 다시는 그런 말을 하지 말게나.

젊은이: 이제 좋은 결론에 도달한 것 같습니다. 그래서 그 결과 제가 이해한 바로는 인간과 밝혀지지 않은 생물을 구분하게 하는 절대적인 지적인 경계 같은 것은 없다는 것을 인정해야 한다는 것을 배우게 된 것 아닌가요?

노인: 그렇지, 그것이 자네가 인정해야 하는 것이네. 그러한 경계는 없네. 그 점을 인정하지 않을 도리가 없지. 인간이 다른 것들에 비해서 훨씬 뛰어나고 유능한 것은 사실이나 인간 역시 기계라는 것과 작용하는 방법에서는 다른 것들과 다르지 않다는 것이지. 그리고 인간이나 다른 것들도 마찬가지로 그 기계에 명령을 할 수가 없네. 그 기계는 엄격하게 작동하고 스스로 자동으로 움직이고 통제가 되지 않는 것으로 자기가 원할 때 작용을 하며 내키지 않을 때 강요할 수가 없네.

젊은이: 그렇다면 인간과 그 나머지 동물이 정신적인 기계라는 점에서 모두 똑같으며, 질적인 차이점을 제외한 기계라는 종류에서는 그들 둘 사이에 엄청나게 중요한 차이점이 전혀 없다는 말씀이시군요.

노인: 그 질적인 차이점이란 지적 능력의 정도를 말하는 것이지. 인간과 동물 사이에는 확연히 구별되는 한계점들이 있네. 이를테면 우리는 동물의 언어를 대부분 이해하는 것을 배울 수 없으나 개나 코끼리 기타 등등의 동물들은 우리 인간의 언어 상당 부분을 알아듣는 것을 배울 수 있지. 그런 점에서 동물이 우리보다 뛰어나네. 반면에 동물은 글을 읽거나 쓰는 것 등등을 포함하여 우리 인간의 훌륭하고 수준 높은 어떤 것도 배울 수가 없지. 그런 면에서는 우리 인간이 그들보다 훨씬 우위에

있는 것이지.

젊은이: 그렇군요, 동물이 인간보다 나은 점을 즐겁게 인정한다 할지라도 여전히 동물이 인간을 넘을 수 없는 고매한 벽이 있습니다. 그것은 바로 동물은 "도덕의식"이라는 것을 갖고 있지 않지만 우리 인간은 동물과 비교할 수도 없을 만큼 높은 도덕의식을 갖고 있으니까요.

노인: 왜 그렇게 생각하는가?

젊은이: 잠깐 멈추고 한번 생각해 보시지요. 제 생각으로는 지금 나눈 대화는 우리 인간에게는 너무나 불명예스럽고 제정신이 아닌 것만으로 충분한 것 같습니다. 저는 인간과 다른 동물이 도덕적으로 같은 레벨에 있다는 것을 결단코 받아들일 수 없습니다.

노인: 나는 인간을 동물의 도덕적 의식 수준으로까지 격상시키려는 것이 아니네.

젊은이: 그것 참 너무하시는군요! 이런 문제를 갖고 농담하시는 것은 정말로 온당치 못하십니다.

노인: 농담을 하는 것이 아니라 단지 냉혹하고 명백한 간단한 진실을 말하는 것이네. 인간이 옳고 그름을 판별할 줄 아는 사실은 다른 생물보다 지적으로 더 우수하다는 것을 증명해주지만, 그른 일을 할 수 있다는 사실에서는 옳고 그름의 판별력이 없는 다른 어떤 생물보다 도덕적으로 열등하다는 것을 입증해준다는 말이지. 이런 주장에 어느 누구도 반대할 수 없다는 것이 내 믿음일세.

:: 자유의지

젊은이: 자유의지에 대한 어르신의 견해는 어떠한지요?

노인: 그런 것은 없다고 보네. 앞에서 이야기한 노파에게 자신의 마지막 잔돈까지 주고 눈보라 속을 걸어 집으로 터덜터덜 갔던 그 남자에게 자유의지가 있었단 말인가?

젊은이: 그에게는 늙은 할머니를 구원해주는 것과 고통 속에 그녀를 내버려두는 것 사이에서 선택할 권리가 있었습니다. 그렇지 않았나요?

노인: 물론 한 손에는 육체적인 편안함과 다른 한 손에는 정신적인 평안함 사이에서 해야 할 선택이 있었네. 육체는 당연히 자기가 주장한 것을 할 줄 알고 강하게 호소했고 정신 또한 반대의 것을 호소했지. 선택은 그 두 호소 사이에서 행해져야 했고 그리고 이루어졌지. 그렇다면 누가, 무엇이 그 선택을 결정했을까?

젊은이: 아마 어르신을 제외한 모든 사람이 그 남자가 선택을 했고 그런 선택을 하는 데 있어서 자유의지를 행사했다고 말할 것입니다.

노인: 우리는 끊임없이 모든 인간은 자유의지를 부여받고 그래서 선한 행위와 덜 선한 행위 사이에서 선택권이 주어질 때 그것을 행사할 수 있고 행사해야 한다고 확신하고 있네. 그럼에도 이 남자의 경우에서 그는 진정 자유의지가 없었네. 대신 그를 형성했고 바로 그 자신을 만든 그의 기질, 그가 받은 교육, 그리고 매일매일의 외부적인 영향력이 그에게 참을 수 없는 불행인 정신적인 고통에서 그 자신을 구원해주기 위해

그 늙은 노파를 도와주도록 강요했던 것이지. 그가 선택한 것이 아니라 그 자신을 위해서, 그가 통제할 수 없는 외적인 힘에 의해서 선택이 행해진 것이네. 자유의지라는 것은 언제나 단어 상으로만 존재해온 것일 뿐 거기에서 멈추고, 내 생각에는 사실상 현실적으로 없다는 것이지. 그래서 나는 "자유의지"와 같은 단어들을 사용하지 않을 것이며 대신에 다른 단어를 사용할 것이네.

젊은이: 다른 단어를요?

노인: 바로 "자유로운 선택"을 말하는 것이지.

젊은이: 그 차이는 무엇인가요?

노인: "자유의지"라는 것은 자네가 만족하는 대로 행동하는 구속되지 않는 힘을 의미하는 것이고, "자유로운 선택"이라는 것은 두 가지 사이에서 어느 것이 가장 옳고 정당한 것에 근접하는지를 결정하는 비판적 능력인, 단지 정신적인 과정을 뜻하는 것이지.

젊은이: 그 차이점을 좀 더 자세하게 설명해주시지요.

노인: 마음은 자유롭게 판별하고 선택하고 옳고 정당한 것을 가리킬 수가 있지. 그러나 그것의 기능은 거기까지네. 문제에 있어서 더 이상 관여할 수가 없다네. 왜냐하면 옳은 것은 행해져야 하고 그릇된 것은 없어져야 한다고 마음이 말할 권한이 없기 때문이지. 그러한 권한은 다른 손에 달려 있기 때문이네.

젊은이: 인간에게 있다는 말씀이신가요?

노인: 인간을 상징하는 기계라는 것에 있다는 것이지. 즉 다시 말해,

교육과 환경에 의해서 만들어진 기계라는 인간의 타고난 기질과 성격에 있다는 것이네.

젊은이: 그렇다면, 그 기계라는 것이 그 둘 사이에서 옳은 것에 따라서 작용을 하나요?

노인: 그것은 모든 문제에 있어서 자기가 만족하는 대로 작용을 하지. 예를 들어 조지 워싱턴의 기계는 옳은 것에 따라서 행동을 하겠지만 피사로[21]의 경우에는 그릇된 것에 따라서 행동할 것이네.

젊은이: 그렇다면, 제가 이해한 바에 따르면 인간의 마음이라는 나쁜 기계는 냉정하고 공정하게 둘 중에 어느 것이 옳고 정당한지를 분별한다는 것이군요.

노인: 물론 그렇다네. 그리고 그의 도덕이라는 기계는 그럼에도 불구하고 그 기계의 본질에 의해 마음이 느끼는 감정은 완전히 무관심하면서 나쁜 것에 따라 자유롭게 행동을 하는 것이지. 다시 말해, 마음이 어떤 감정을 느낀다 하더라도 말일세. 물론 마음에는 감정이 없기는 하지만 말이야. 마음은 단지 온도계라고 할 수 있네. 뜨거움과 차가움을 기록할 뿐, 그 둘 어느 것 하나에도 신경 쓰지를 않는다는 말이네.

젊은이: 그렇다면, 설사 인간이 둘 중 어느 것이 옳은 것인지를 안다고 할지라도 그가 반드시 그 옳은 일을 한다고 절대적으로 단언할 수는 없겠군요.

---

21. Francisco Pizarro, 1470?~1541. 스페인의 군인. 잉카제국을 정복했다.

노인: 인간의 타고난 기질과 교육이 그가 무엇을 해야 하는지를 결정을 하고 그리고 인간이 그것을 한다는 것이지. 인간 스스로도 어쩔 수가 없는 것이네. 왜냐하면 인간은 그런 문제에 대해서는 권한이 없기 때문이지. 자, 그럼 이 시점에서 다윗이 골리앗을 살해한 것이 옳았다고 할 수 있을까?

젊은이: 예, 옳은 행위였습니다.

노인: 그럼 다른 어느 누구라도 그렇게 했다면 똑같이 옳은 행위였을까?

젊은이: 물론입니다.

노인: 그렇다면 타고난 겁쟁이가 그렇게 시도했다고 하면 그 역시 옳은 것이었을까?

젊은이: 아마 역시 옳았겠지요.

노인: 그러나 자네는 타고난 겁쟁이는 결코 그런 것을 시도하지 못할 것이라는 것을 알고 있지 않은가, 그렇지 않은가?

젊은이: 예, 그렇습니다.

노인: 또한 타고난 겁쟁이의 본성과 기질이 그러한 것을 시도하는 데 있어서 절대적으로 극복할 수 없는 장애물이라는 것을 알고 있지 않은가, 그렇지 않은가?

젊은이: 예, 알고 있습니다.

노인: 그렇다면 타고난 겁쟁이도 그런 것을 시도하는 것이 옳은 것이라는 것을 분명히 인지하고 있을까?

젊은이: 그렇습니다.

노인: 그의 마음이 그런 것을 시도해보는 것이 옳다고 결정하는 데 있어서 자유로운 선택권이 있다는 말인가?

젊은이: 예, 있습니다.

노인: 그렇다면 타고난 비겁함으로 단지 그런 것을 시도해볼 수 없다면 그의 자유의지라는 것은 어떻게 되는 것인가? 도대체 그의 자유의지는 어디에 있단 말인가? 그가 어떤 자유의지도 없다는 것을 명백한 사실이 보여주고 있음에도 불구하고, 어째서 그에게 자유의지가 있다고 주장하고 있는가? 겁쟁이와 다윗이 똑같이 옳은 것을 인식하고 둘 다 똑같이 행동해야 한다는 것에 어찌 만족해야 하는가? 염소와 사자에게 어째서 똑같은 법을 부과한단 말인가?

젊은이: 그러면 진정으로 자유의지 같은 것이 존재하지 않는다는 말씀이신가요?

노인: 그것이 내가 생각하는 바라네. 대신에 "의지"라는 것이 있지. 그러나 그 의지라는 것은 옳고 그름의 지적인 인식과는 아무런 관계가 없으며 그런 지적인 인식의 명령 아래에 있지도 않지. 즉, 다윗의 기질과 교육에는 "의지"가 있었고 그것은 강제적인 힘이었지. 그리하여 다윗은 그런 의지의 신념에 순종해야만 했고, 다른 선택이 없었네. 겁쟁이의 기질과 교육에도 "의지"가 있었고, 그 의지 또한 강제적이었지. 그 의지가 그로 하여금 위험을 회피하도록 명령을 내렸고 이에 그는 순종했지. 달리 선택할 방법이 없었지. 그러나 다윗이나 겁쟁이나 "자유의지"라는

것은 없으며 그들의 마음이 결정하는 대로 "의지"가 옳은 것을 하거나 그른 것을 할 뿐이라네.

:: 오직 하나의 가치

젊은이: 저를 고민하게 하는 한 가지가 있습니다. 어르신이 구분해 놓으신 물질적인 열망과 정신적인 열망을 분별하지 못하겠습니다.

노인: 나는 어떤 구분도 하지 않았네.

젊은이: 무슨 말씀이신지요?

노인: 물질적인 열망이란 것은 없네, 모든 열망은 정신적인 것이지.

젊은이: 그렇다면 모든 바람, 욕망, 열망이 결코 물질적인 것이 아니라 정신적인 것이라는 말씀이신가요?

노인: 그렇지, 자네 안에 있는 주인은 모든 경우에 오로지 그 주인의 정신을 만족시킬 것을 요구하네. 그 주인은 그 밖에 어느 것도 필요로 하지 않으며 어떤 다른 문제도 그의 관심을 끌지 못하네.

젊은이: 오, 이런! 만약 그 주인이 누군가의 돈을 탐낸다면 그것은 분명히 물질적인 것으로 천한 것이 아닌가요?

노인: 그렇지 않네. 돈이라는 것은 단지 하나의 상징에 불과하네. 그 것은 눈에 보이는 구체적인 형태로서 정신적인 욕망을 나타내는 것이지. 자네가 원하는 소위 물질적인 모든 것은 단지 상징적인 것에 지나지

않네. 그것이 그 순간 자네의 정신을 만족시켜 주기 때문에 그것을 원하는 것이지. 그것 자체로서가 아니라 말이야.

젊은이: 좀 더 자세하게 설명해주시지요.

노인: 알겠네, 가령 자네가 새 모자를 원했다고 하세. 그리고 자네가 그 모자를 가져서 자네의 욕망이 충족되고 더불어 자네의 정신도 만족하게 됐지. 그런데 어느 날 자네 친구들이 그 모자가 이상하다며 놀린다고 가정해보세. 그렇게 되면 동시에 그 모자는 그것의 모든 가치를 잃게 되고 자네는 그 모자를 창피해하며 자네의 눈에 띄지 않도록 치워버릴 것이네. 즉 다시는 그 모자를 보고 싶어 하지 않는다는 것이지.

젊은이: 아아, 무슨 말씀을 하시는지 이해가 갑니다, 계속 하시지요.

노인: 그렇다고 그 모자 자체가 바뀐 것도 아니지. 똑같은 모자 아닌가 말이야? 그러니까 자네가 원했던 것은 그 모자가 아니라 자네의 정신을 기쁘게 해주고 만족시켜 주는 어떤 것, 즉 상징적인 것에 불과했다는 것이지. 모자가 그렇지 못했을 때는 그 모자의 전체적인 가치는 사라지고 마네. 자네는 실제적인 그리고 참된 물질적인 가치들을 헛되이 추구하게 되는 것이지. 왜냐하면 그러한 것은 없기 때문이지. 단 한순간이라도 모든 것이 지니는 유일한 가치란 결국은 이면에 숨겨진 정신적인 가치라네. 만약 그러한 목적을 상실하게 되면 그와 동시에 그것은 무가치한 것이 되고 말지. 모자의 경우에서와 같이 말이야.

젊은이: 이러한 논리는 돈에도 적용이 될 수 있습니까?

노인: 물론이지. 돈이란 단지 상징에 불과한 것이며 그것에는 어떤 물

질적인 가치도 없네. 단지 돈을 위해 돈을 갈망한다고 생각하지만 사실은 그렇지가 않네. 자네는 돈이 가져다줄 정신적인 만족 때문에 돈을 원하는 것이네. 만약 돈이 그런 것을 충족시켜 주는 것에 실패했다면 그 돈의 가치는 사라지고 마네. 내가 자네에게 이야기를 하나 들려주겠네. 큰돈을 모을 때까지 만족을 모른 채 끊임없이 노예처럼 일을 한 불쌍한 남자가 있었지. 마침내 그가 큰 재산을 모으게 되어 그 돈에 행복해하며 환성을 지르며 기뻐했네. 그런데 딱 일주일 후에 마을에 전염병이 돌아 그가 사랑하는 모든 사람을 빼앗기자 그는 황폐한 상태가 되었네. 그가 가진 돈의 가치가 사라진 것이지. 그는 자신의 기쁨이 돈 그 자체에서 온 것이 아니라 가족을 위해 아낌없이 써 얻은 가족의 행복이 가져다준 정신적인 만족 때문이라는 것을 깨닫게 되었네. 돈에는 어떤 물질적인 가치도 없네. 만약 자네가 돈에서 정신적인 가치를 없애버린다면 단지 무가치한 것만 남게 되는 것이지. 크거나 작거나 혹은 중요하거나 사소한 것이든 예외란 없는 법이네. 왕관이든 홀(笏, 왕권의 상징)이든, 푼돈이든 가짜 보석이든, 아니면 동네에서 악명 높은 것이든 세계적인 명성이든 모두 마찬가지라네. 물질적인 가치라는 것은 존재하지 않는다는 것이지. 인간의 정신을 만족시켜 주면 귀중한 것이고 그것에 실패하게 되면 무가치한 것이 되고 마네.

젊은이: 어르신은 언제나 이해하기 힘든 용어로 저를 혼란스럽고 당혹스럽게 만들고 계십니다. 때때로 어르신은 한 인간을 각기 나름대로의 권한과 지배권을 가지고 있는 둘 또는 셋, 서로 별개의 인격체로 나누고 있습니다. 하나의 인간이 이러한 조건에 존재하게 될 때 저는 그러한 상황을 파악할 수가 없습니다. 그러나 제가 한 인간에 대해 말할 때는 그 인간이라는 개념은 통합된 하나로서의 의미이며 이해하기도 숙고熟考하기에도 쉬운 것입니다.

노인: 만약 자네가 말한 것이 진실이라면 그것은 유쾌하고도 편리하겠지. 그렇다면 자네가 "나의 몸"이라고 말을 할 때 "나"라는 것은 누구를 가리키는 것인가?

젊은이: 그것은 바로 "나"를 의미하는 것입니다.

노인: 그렇다면 몸은 하나의 소유물인 셈이고 "나"가 그것을 소유하고 있다는 것이로군. 그럼 여기서 "나"는 누구인가?

젊은이: "나"란 "통합된 전체의" 개념입니다. 그것은 공통된 대표적인 것으로, 온전한 실재實在로서 나누어질 수 없는 소유권입니다.

노인: 만약 "나"가 무지개를 보고 감탄한다면 이는 머리카락, 손, 발뒤꿈치 등, 이 모든 것을 포괄하여 무지개를 감탄하는 통합적인 "나"인가?

젊은이: 물론 아닙니다. 무지개를 감탄하고 있는 것은 내 "마음"입니다.

노인: 그렇다면 자네는 "나"라는 자네 자신을 분리하고 있는 것으로

군. 모든 사람이 그렇게 하고 있지, 또한 그렇게 해야만 하네. 그렇다면 "나"란 확실히 무엇이란 말인가?

젊은이: 제가 생각하기에는 그것은 몸과 마음 두 부분으로 이루어짐에 틀림없는 것 같습니다.

노인: 자네는 그렇게 생각하는가? 만약 자네가 "나는 세계는 둥글다고 믿어"라고 말한다면 그렇게 말하고 있는 "나"는 누구인가?

젊은이: 마음이지요.

노인: 만약 자네가 "나는 나의 아버지가 돌아가셔서 슬프네"라고 말한다면 "나"는 누구란 말인가?

젊은이: 역시 마음입니다.

노인: 마음이 관찰하고 세계가 둥글다는 증거를 받아들일 때 마음이 지적인 기능을 하고 있는 것인가?

젊은이: 그렇습니다.

노인: 아버지의 죽음을 슬퍼할 때도 마음이 지적인 기능을 하고 있는가?

젊은이: 그것은 뇌의 작용인 사고思考가 아니라 감정의 문제입니다.

노인: 그렇다면, 그것의 근원은 자네의 마음에 있는 것이 아니라 자네의 도덕적 영역에 있는 것이로군?

젊은이: 그렇다고 인정해야 할 것 같습니다.

노인: 자네의 마음은 육체적인 장비의 한 부분이지 않은가?

젊은이: 아닙니다. 그것은 육체적인 것으로부터 독립적인 것으로 정신

적인 것입니다.

노인: 정신적인 것은 육체적인 요인들에 의해 영향을 받을 수 없다는 얘기인가?

젊은이: 그렇습니다.

노인: 이를테면 몸이 술에 취했을 때 정신은 말짱한 상태로 있는가?

젊은이: 글쎄요, 아닌 것 같습니다.

노인: 그렇다면 육체적인 영향력이 존재한다는 것 아닌가?

젊은이: 그런 것처럼 보입니다.

노인: 가령, 두개골에 금이 가면 정신이상을 초래하게 되네. 마음이 정신적인 것으로 육체적인 영향력으로부터 독립된 것이라면 어떻게 이런 일이 발생할 수가 있단 말인가?

젊은이: 글쎄요, 모르겠습니다.

노인: 만약 자네의 발에 통증이 있을 때 자네는 그것을 어떻게 아는가?

젊은이: 발의 통증을 느끼게 됩니다.

노인: 그것은 신경세포가 대뇌에 아픔을 보고할 때 비로소 자네는 통증을 느끼게 된다네. 그럼에도 불구하고 자네의 얘기는 대뇌가 마음의 영역에 있다는 것이로군. 그렇지 않은가?

젊은이: 그런 것 같습니다.

노인: 하지만 육체적인 전달자의 도움 없이도 대뇌의 바깥 부분인 신체적인 영역에서 일어나는 일을 안다는 것은 충분히 정신적인 것이 아닌가? 자네는 "나"가 누구 또는 무엇인지라는 문제가 결코 간단치 않다

는 것을 인식하고 있네. 가령 자네가 "나는 무지개에 감탄하고 있네"라고, 그리고 "나는 세계가 둥근 것을 믿고 있네"라고 말한다면 이런 경우, 말하고 있는 것은 "나"가 아니라 바로 "정신적인" 영역이라는 것을 알게 되지. 또한 자네가 "나는 몹시 슬프네"라고 말한다면 역시 말하고 있는 주체는 "나"가 아니라 바로 "도덕적인" 부분이지. 자네는 마음은 전적으로 정신적이라 말하고 그런 다음 "나는 통증이 있네"라고 말하면서 이번에는 "나"라는 것이 마음과 정신이 결합된 것이라는 것을 발견하게 되네. 우리 모두가 "나"라는 것을 이렇게 불명확한 방법으로 사용하고 있으며 이는 어찌할 도리가 없는 것이네. 우리는 통합적인 주체를 "주인" 그리고 "왕"이라고 상상을 하면서 그를 "나"라고 부르네. 그러나 우리가 그를 정의하려고 노력할 때 우리는 그렇게 할 수 없다는 것을 알게 되네. 지성과 감정은 확연히 서로서로 독립적으로 행동을 할 수가 있기 때문이지. 우리는 그 점을 인식하고 있으며 이러한 지성과 감정의 주인으로서 명확하고 의문의 여지가 없는 "나"로서의 역할을 할 수 있고, 우리가 그 "나"라는 대명사를 사용할 때 우리로 하여금 우리가 의미하는 것이 무엇이고 무엇에 관해서 말하고 있는지를 알도록 해주는 지배자를 주위에서 찾으려고 하지. 그러나 우리는 그것을 포기해야 하고 그러한 존재를 발견할 수 없다는 것을 시인하게 되네. 내게 있어서 인간이란 도덕적 그리고 정신적인 메커니즘으로 구성된 기계라는 것이네. 이러한 메커니즘은 타고난 기질과 수많은 외부적인 영향력과 교육의 축적에 의해서 만들어진 내적인 주인의 충동에 따라서 자동적으로 행동을 하고 있네. 뿐만 아니라, 인간이란 주인의 욕망이 선한 것이든 악한 것이든 그 주인의 정신적인 만족을 보장해주는 것이 유일한 기능인 기계요, 그것의 의지는 절대적인 것이며 순종해야만 하고 언제나 순종되는 기계라는 것이네.

젊은이: 어쩌면 "나"라는 것은 영혼이 아닐까요?

노인: 아마 그럴 수도 있겠지, 그럼 영혼이란 무엇인가?

젊은이: 모르겠습니다.

노인: 그 밖에, 어느 누구도 모를 것이네.

∷ 지배적인 열정

젊은이: 보통의 대화에서 양심이라는 주인은 무엇인가요? 그것을 설명해주시지요.

노인: 그것은 인간 안에 내재된 일종의 불가사의한 전제군주와도 같은 것으로, 인간으로 하여금 인간의 욕망을 만족시키게끔 하는 것이지. 그것은 자기 스스로 인정받고 싶은 "지배적인 열정"이라고 불릴 수도 있네.

젊은이: 그렇다면 그것이 위치하고 있는 곳은 어디인가요?

노인: 인간의 도덕적인 체계 안에 존재하네.

젊은이: 그것이 하는 명령들은 인간의 선善을 위한 것인가요?

노인: 그것은 인간의 선에는 관심이 없다네. 그것은 다른 어떤 것에도 신경 쓰지 않고 오로지 그것 자신의 욕망을 만족시키는 것에만 관심을 쏟을 뿐이지. 물론 그것은 인간의 선을 위한 것을 선호하도록 교육될 수 있지만 다른 것들이 하는 것보다 그것을 더 잘 만족시켜 줄 것이기 때문에 오로지 그것을 선호하게 되는 것이네.

젊은이: 그렇다면 그것은 고매한 이상理想을 위해 교육될 때조차도 인간의 선을 위해서가 아니라 그것 자신의 만족을 여전히 갈구하고 있다는 말씀이시군요.

노인: 그것이 진실이네, 교육이 되든 안 되든 그것은 인간의 선을 위한 어떤 것에도 신경 쓰지 않으며 인간의 선에는 결코 관심을 기울이지 않는다는 것이네.

젊은이: 그것은 어찌 보면 인간의 도덕체계에 자리 잡은 일종의 부도덕한 힘인 것 같습니다.

노인: 그것은 인간의 도덕체계에 존재하는 일종의 무색의 힘이지. 그것을 본능이라고 정하세. 즉 그 본능이란 맹목적이고 이성적이지 못한 것으로 만약 그것 자신만의 만족이 얻어진다면 선한 도덕과 나쁜 도덕을 구별하지도 않으며 인간에게 미칠 결과 따위에는 전혀 신경 쓰지 않는다네. 그리고 그것은 언제나 그것 자신의 만족을 확보하려고 하네.

젊은이: 그럼 그것은 돈을 추구하고 아마 그렇게 하는 것이 인간에게 이익이 되는 것이라고 간주하나요?

노인: 그것이 언제나 돈이나 권력이나 사회의 요직, 그리고 어떤 다른

물질적인 이익을 추구하고 있는 것은 아니지. 방법이 어떠할지라도 모든 경우에서 그것은 "정신적인" 만족을 찾고 있네. 그것의 욕망은 그 사람의 기질에 의해 결정되고 그 기질이 그 욕망의 주인이네. 사실상 기질, 양심, 감수성, 그리고 정신적인 욕망, 이 모든 것은 같은 것이지. 자네는 이제껏 돈을 위한 어떤 것에도 관심이 없는 사람에 대해 들어본 적 있는가?

젊은이: 있습니다. 학자라면 많은 월급을 준다해도 회사에서 직책을 맡기 위해서 자신의 다락방과 책을 떠나지는 않을 것입니다.

노인: 그는 그의 주인 즉 다시 말해서 그의 기질, 그의 정신적인 욕망을 만족시켜야만 했을 것이네. 그리고 그는 돈보다는 책을 좋아했지. 다른 사례들은 없는가?

젊은이: 예, 은자隱者가 있습니다.

노인: 좋은 예로군. 그 은자는 그의 전제군주와도 같은 주인을 만족시키기 위해서 외로움, 배고픔, 추위, 그리고 갖가지의 위험들을 견뎌내는 것이지. 이 은자의 내적 주인은 돈으로 살 수 있는 어떤 볼거리나 사치스러움 그리고 돈보다는 앞서 언급한 것들과 기도와 명상을 더 좋아하네. 자, 그럼 또 다른 경우는?

젊은이: 예술가와 시인과 과학자가 있습니다.

노인: 그들의 내적인 주인은 보수가 많든 적든 어떤 가격에서라도 직업시장의 어떤 다른 것보다 이러한 직업이 주는 심오한 기쁨을 더 좋아하고 있네. 자네는 정신을 만족시키는 "지배적인 열정"이 소위 물질적

인 이익, 물질적인 번영, 현금 그리고 다른 모든 것 외에 많은 것에 관심을 기울인다는 것을 깨닫게 되었는가?

젊은이: 그렇다는 것을 인정해야겠다는 생각이 듭니다.

노인: 나는 자네가 인정할 거라고 믿네. 아마도 공직公職을 추구하는 것만큼 공직을 맡았을 때의 부담감이나 괴로움 그리고 명예를 거절하려는 기질도 그 만큼 있을 것이네. 공직을 좇는 전자의 기질은 정신의 만족을 추구하는 것, 단지 그것뿐이네. 그리고 이것은 공직을 거부하려는 후자에도 똑같이 적용되네. 이 두 경우 모두 오로지 정신의 만족을 추구하는 것이지. 만약 하나가 불결하면 둘 다 불결한 것이네. 왜냐하면 명백한 목적은 정확하게 두 경우에서 똑같기 때문이네. 그리고 이 두 경우에서 어느 것을 더 좋아하는지를 결정하는 기질은 만들어지는 것이 아니라 타고난 것이네.

:: **결론**

노인: 자네는 지금 휴가를 즐기고 있는 중이지?

젊은이: 그렇습니다. 일주일 동안 산악 도보 여행을 하고 있습니다. 자, 다시 말씀을 하실 준비가 되었는지요?

노인: 그럼, 준비가 되었네. 무슨 이야기를 먼저 할까?

젊은이: 음, 이틀 밤낮 동안 침대에 누워서 저는 어르신과 나눈 모든 대

화를 생각하면서 신중하게 검토해 보았습니다. 어르신은 이러한 대화
의 결론을 언젠가 책으로 출판할 의도를 가지고 계신지요?

노인: 이따금 지난 이십 년 동안 내 안에 내재된 주인이 나로 하여금
책으로 출판할 것을 어느 정도는 명령하고 있었네. 그렇다면 내가 자네
에게 왜 그 명령이 출판되지 않은 상태로 있게 되었는지를 설명해주어
야만 하는가? 아니면 자네가 내 도움 없이 그 이유를 명료하게 설명해
줄 수 있을까?

젊은이: 어르신의 이론에 따르면 그것은 매우 간단합니다. 외부적인 영
향력이 어르신의 내적인 주인을 움직이게 하여 명령을 내리게 합니다.
그러나 한편 더 강력한 외부적인 영향력이 어르신을 단념하게 만든 것
이지요. 이러한 외부적인 영향력이 없다면 이러한 충동은 결코 태어날
수가 없습니다. 왜냐하면 인간의 두뇌는 그것 스스로 어떠한 생각을 하
거나 창출해내지 못하기 때문이니까요.

노인: 그렇지, 계속하게나.

젊은이: 출판을 하느냐 못 하느냐의 문제는 여전히 어르신의 손에 달려
있습니다. 만약 언젠가 어떤 외부적인 영향력이 그 내적인 주인에게 출
판할 것을 결심하게 한다면 그는 명령을 내리게 되고 그 명령은 실행될
것입니다.

노인: 그 말이 맞네. 그래서?

젊은이: 심사숙고한 끝에 저는 어르신의 이론이 출판된다면 해가 된다
는 확신을 갖게 되었습니다. 이렇게 말씀드리는 저를 용서해주시기 바

랍니다.

노인: "자네"를 용서하라고? 자네는 아무 짓도 하지 않았네. 자네는 일종의 도구, 이를테면 말하는 트럼펫이라 할 수 있지. 본래 말하는 트럼펫은 그것을 통과하여 말해지는 것에 책임을 지지 않는 법이지. 평생의 가르침, 교육, 관념, 편견, 그리고 그밖에 간접적으로 얻어지는 것들의 형태로 나타나는 외부적인 영향력이 자네 안에 있는 주인에게 이런 이론의 출판이 해가 될 것이라고 설득을 했을 것이네. 그렇고말고. 이렇게 여기는 것은 지극히 당연하며 사실상 불가피한 것이지. 계속해서 말을 하게, 평이함과 편의를 위해서 습관을 고수하게. 그리고 1인칭 화법을 사용하고 나에게 자네의 내재한 주인이 이러한 이론에 관해서 어떻게 생각하는지를 말해주게.

젊은이: 글쎄요. 우선 그것은 황폐화시키는 이론이라고 할 수 있습니다. 그것은 사람을 고무시키지도 사람을 열광시키지도 사람의 사기를 올려주지도 않습니다. 그 이론은 인간에게서 영광과 자부심과 그리고 영웅심을 빼앗아가며, 모든 인간적인 영예와 찬사를 부정하고 있습니다. 또한 인간의 가치를 단순한 기계로 떨어뜨릴 뿐만 아니라, 인간에겐 그 기계에 대한 어떠한 통제력도 허락하고 있지 않습니다. 비유하자면 인간을 단지 커피콩을 가는 기구로 만들어버리고 인간이 커피를 공급하거나 크랭크를 변환시키는 것을 결코 허락하고 있지 않습니다. 즉 인간의 유일하고도 가여울 정도로 초라한 기능이란 인간의 구조에 따라서 조잡하게 또는 훌륭하게 커피콩을 가는 것이고 그 나머지는 외부적인 충

동이 한다는 것입니다.

노인:　그 이론이 올바르게 표현되었네. 자, 그렇다면 인간은 서로에게 무엇을 가장 찬양하는가?

젊은이: 지성, 용기, 건강한 체격, 아름다운 얼굴, 자선, 자비로움, 관대함, 친절, 영웅심, 그리고…….

노인:　나도 자네가 언급한 것들만 살펴보기로 하지. 이것은 아주 기본적인 것들이네. 미덕, 불굴의 정신, 신성함, 참됨, 충성심, 고결한 이상. 이 모든 것과 사전에 명명命名된 모든 연관된 자질은 이런 기본적인 것의 혼합과 조합 그리고 조금씩 변화시킨 것으로, 모두 기본적인 것으로부터 만들어졌네. 이것은 마치 초록색을 만들기 위해서 파란색과 노란색을 혼합하고 기본적인 빨간색을 가감하여 여러 가지의 색조와 색채를 만들어내는 것과 마찬가지네. 몇 가지의 기본적인 색깔이 있지. 그것들은 모두 무지개 안에 다 있네. 우리는 이 기본적인 색깔에서 오십여 가지의 다양한 색깔을 제조해내고 이름을 붙이네. 자네는 인간이라는 무지개에서 기본적인 것을 지정했고, 또한 어느 누가 "혼합"하여 영웅심이라는 것을 만들었는데 이것은 용기와 아량으로부터 빚어진 것이지. 아주 훌륭하네. 자, 그렇다면 이런 기본적인 것 중에서 어느 것을 인간이 스스로 만들어낸 것일까? 지성이라는 것인가?

젊은이: 아닙니다.

노인:　왜 아니란 말인가?

젊은이: 인간은 지성을 갖고 태어나기 때문입니다.

노인: 용기란 말인가?

젊은이: 아닙니다. 그것 역시 가지고 태어납니다.

노인: 그렇다면 건장한 체격과 아름다운 얼굴일까?

젊은이: 아닙니다, 그것 또한 타고난 특권이지요.

노인: 자, 그럼 다른 것을 생각해보세. 즉 자선, 자비로움, 관대함, 친절함과 같은 기본적인 도덕적 자질 말일세. 사전에서 제시된 이러한 덕목을 다양하게 혼합하고 조합하는 외부적인 영향력에 의해서 잘 경작이 되어 이러한 자질로부터 열매가 잘 여는 씨앗이 싹을 틔우게 되지. 인간은 이러한 씨앗 중의 어느 하나라도 만들어내는가 아니면 인간과 함께 태어날 때부터 갖게 되는 것인가?

젊은이: 인간에게 태어날 때부터 있는 것이지요.

노인: 그렇다면 누가 그것을 만들어낸단 말인가?

젊은이: 조물주이신 하나님이지요.

노인: 그것의 영예는 누구에게로 돌아가는가?

젊은이: 하나님에게로요.

노인: 그렇다면 자네가 말하던 영광과 찬사는?

젊은이: 그것 또한 하나님의 것입니다.

노인: 자, 그럼 인간의 가치를 떨어뜨리는 사람은 바로 자네로군. 자네는 인간으로 하여금 영광, 찬사, 아첨을 요구하게 만들고 있네. 왜냐하면 인간이 소유하고 있는 이 모든 가치 있는 것 전부가, 말하자면 빌려온 화려한 옷에 지나지 않기 때문이지. 뿐만 아니라 이 모든 것 중에

서 조금이라도 인간에 의해서 얻어지거나 세부적인 것 하나라도 인간의 노동에 의해서 생산된 것이 아니기 때문이지. 자네야말로 인간을 형편없는 사기꾼으로 만들고 있네. 내가 인간을 이토록 심하게 대했던가?

젊은이: 어르신은 인간을 하나의 기계로 전락시켰습니다.

노인: 누가 솜씨 있고 훌륭한 메커니즘인 인간의 손을 고안해냈는가?

젊은이: 하나님입니다.

노인: 인간이 그 밖에 무언가에 대해 생각하고 있거나 친구에게 말하고 있는 동안에 자동적으로 피아노에서 정교한 곡이 연주되는 법칙을 누가 창안해 내었는가?

젊은이: 그 역시 하나님입니다.

노인: 누가 피〔血〕를 만들었는가? 누가 인간의 도움이나 조언 없이 밤낮으로 새롭고 신선한 혈액의 흐름이 몸을 통과하도록 만드는 이 놀라운 기계를 고안해냈단 말인가? 누가 인간의 마음을 만들었는가? 이 인간의 마음이라는 기계는 자동적으로 움직이고 그것의 의지나 욕망과는 상관없이 마음이 기뻐하는 일에 관심을 쏟으며 자비에 호소하는 목소리는 무시한 채, 마음이 좋을 때 밤새도록 노동을 하게 되지. 바로 하나님이 이 모든 것을 만들어내셨네. 내가 인간을 기계로 만든 것이 아니라 하나님이 인간을 기계로 전락시켜버린 것이네. 나는 단지 이런 사실에 환기를 불러일으킨 것, 그뿐이네. 이런 사실에 주목시킨 것이 잘못된 것인가? 이것이 범죄란 말인가?

젊은이: 저는 해악이 될 수도 있는 사실을 "폭로하는" 것은 잘못된 일이

라고 생각합니다.

노인:　계속하게.

젊은이: 지금 직면한 문제를 한번 보시지요. 인간은 지금껏 인간 스스로가 가장 경이로운 창조물이라고 배워왔습니다. 그리고 그것을 믿고 있습니다. 인간이 벌거벗은 야만인이었든 아니면 자줏빛(옛날 왕후, 귀족, 추기경이 입던 예복 색깔)의 좋은 린넨(아마포亞麻布) 옷을 입고 문명화되었든 모든 시대를 통틀어 인간은 결코 그러한 사실을 의심해본 적이 없었습니다. 이러한 사실이 인간의 마음을 즐겁게, 그리고 인간의 삶을 활기차게 만들었습니다. 인간이 인간 스스로에 대한 자부심과 인간 스스로에 대한 진실한 경외심과 인간 스스로가 그리고 어떠한 도움도 받지 않고 이룩했다고 여기는 업적에서 느끼는 기쁨 그리고 이러한 업적들이 불러일으키는 찬양과 박수갈채, 이 모든 것이 인간으로 하여금 점점 더 높이 비상하게끔 인간의 사기를 고양시키고 인간을 열중하게 하며 인간으로 하여금 야망을 갖게 만들었습니다. 즉 한마디로 인간의 삶을 살 만한 가치가 있는 것으로 만들었습니다. 그러나 어르신의 이론에 의하면 이 모든 것이 사라져버리고 마는 것입니다. 인간은 단순한 기계로 전락하고 아무것도 아닌 존재가 되며, 그의 고귀한 자부심은 단순한 허영심으로 시들어버리게 됩니다. 아무리 인간이 노력한다 할지라도 그의 가장 초라하고 어리석은 이웃보다 결코 나아질 수 없다는 것입니다. 그리하여 인간은 결코 다시는 행복해지지 못할 것이며 인간의 삶은 살 만한 가치가 없는 것이 될 것입니다.

노인: 자네는 정말로 그렇게 생각하는가?

젊은이: 확실히 그렇게 생각합니다.

노인: 자네는 이제껏 내가 침울해하거나 불행해하는 것을 본 적 있는가?

젊은이: 아니요, 없습니다.

노인: 어쨌거나 나는 이러한 사실을 믿네. 그렇다면 왜 이러한 사실이 나를 불행하게 만들지 못하는 걸까?

젊은이: 아, 그것은 단연코 기질 때문이겠지요. 어르신의 이론이 이 점을 잘 설명해주고 있으니까요.

노인: 그 말이 맞네. 만약 어떤 인간이 불행한 기질을 타고났다면 어떤 것도 그를 행복하게 만들 수 없네. 반면에 만약 그가 행복한 기질을 타고났다면 어떤 것도 그를 불행하게 만들 수 없는 거지.

젊은이: 예를 들어 아주 굳건한 신념조차도 그를 행복하게 못한다는 말씀이신가요?

노인: 신념이라고? 단순한 신념? 단순한 확신 말인가? 그것은 모두 무용지물이네. 그것은 모두 타고난 기질에 대항해서 헛되이 애쓸 뿐이지.

젊은이: 저는 그러한 것을 믿을 수 없으며 또한 믿지도 않습니다.

노인: 지금 자네는 성급하게 이야기를 하고 있네. 이것은 자네가 내가 말한 사실을 열심히 검토하지 않았다는 것을 보여주는 것이지. 자네가 잘 알고 있는 모든 사람 중에서 누가 가장 행복한가? 버지스[22] 아닌가?

젊은이: 그렇다고 할 수 있지요.

노인: 그리고 누가 가장 불행한 사람인가? 헨리 애덤스[23]?

젊은이: 의심의 여지없이 당연하지요!

노인: 나도 그 두 사람을 잘 알고 있네. 그 두 사람은 극단적이고, 정상
적인 사람과는 다르네. 그들의 기질은 양극단처럼 정반대이네. 그들의
인생사는 거의 같으나 그 결과를 보게나! 그 두 사람의 나이는 50대로
거의 같네. 버지스는 언제나 활기차고 희망적이며 행복했지. 반면에 애
덤스는 언제나 활기가 없으며 절망적이며 낙담을 했네. 젊은 동료로서
그 두 사람은 나라의 언론을 개혁하려고 했으나 실패했지. 버지스는 그
런 실패를 마음에 둔 것 같지 않았네. 그러나 애덤스는 웃음을 잃게 되
었지. 그는 자신에게 일어난 것에 대해 끊임없이 괴로워하고 한탄하면
서 만약 다르게 했었더라면 성공할 수도 있었을 텐데라는 부질없는 생
각으로 자기 자신을 괴롭혔네. 그들은 또 법을 개혁하려고 시도했으나
역시 실패했지. 버지스는 여전히 행복할 수 있었지, 왜냐하면 어쩔 수
없는 그의 기질 때문이니까 말이야. 그러나 애덤스는 참혹했네. 이것 역
시 그 또한 어쩔 수가 없었지. 그날부터 지금까지 그 두 사람은 여러 가
지 것들에 대한 시도와 실패를 반복해오고 있네. 버지스는 매번 행복하
고 활기찬 모습으로 대중 앞에 나서는 반면, 애덤스는 정반대지. 그리고

---

22. John William Burgess, 1844~1913. 미국의 정치학자. 오늘날의 컬럼비아 대학을 세계적 명문대학
의 반열에 오르게 한 공로를 세웠다. 정치학자로서는 연방정부 권력 강화를 배제하고 주권(州權)과 개인
시민권의 향상을 주장했다.

23. Henry Adams, 1838~1918. 유명한 《헨리 아담스의 교육》의 저자. 제2대, 6대의 미국 대통령을 낳은
명문가에서 태어나 대학교수, 저널리스트, 역사가 등으로 활동했으나 하는 일마다 번번이 실패해 좌절감
에 빠져 고민했다. 《헨리 아담스의 교육》은 이러한 그의 정신적 자서전이다.

우리는 이 두 사람의 타고난 기질이 그들의 모든 물질적인 풍요와 빈곤을 겪으면서도 언제나 변하지 않는 상태로 있다는 것을 확실히 알고 있네. 이번에는 그 두 사람의 타고난 기질과 정신적인 면과의 상관관계를 알아보세. 둘 다 한때는 열렬한 민주당원이었고 둘 다 한때는 열렬한 공화당원이기도 했으며 둘 다 당을 떠나 독자적인 행동을 하는 사람이기도 했지. 그러나 버지스는 이러한 각각의 정치적인 신념과 이렇게 정치적인 신념이 바뀌는 과정에서도 언제나 행복을 찾을 수 있었지만 애덤스는 버지스의 행복 대신 불행만을 발견했을 뿐이네. 이 두 사람 모두 한때는 장로교 신자, 연합교도, 감리교 신자, 그리고 가톨릭이었으며 그런 다음 다시 장로교 신자로, 또 다시 감리교도가 되었지. 버지스가 언제나 이렇게 각기 다른 종교로의 여행에서 평안함을 얻은 반면, 애덤스는 그렇지 못했네. 그리고 지금 그들은 통상적이고도 필연적인 결과로서 크리스천 사이언스를 시도하고 있네. 어떠한 정치적 또는 종교적 믿음도 버지스를 불행하게 그리고 애덤스는 행복하게 만들 수 없었던 것이네. 내가 자네에게 주장하건데 이런 것은 순전히 기질의 문제라는 것이지. 믿음은 후천적으로 획득된 것이지만 기질은 타고난 것이지. 그리하여 믿음은 변하기 쉬운 반면에 어떤 것도 기질을 바꾸어 놓을 수는 없네.

젊은이: 어르신은 매우 극단적인 기질의 예를 보여주셨습니다.

노인: 그렇지만 그 나머지 경우도 이러한 극단적인 기질의 변형에 불과하지. 그리고 그 법칙은 다 똑같네. 가령, 어떤 기질의 3분의 2가 행복하거나 혹은 3분의 2가 불행할 때 이런 경우에 어떠한 정치적 또는 종교

적인 믿음이 그 비율을 바꿀 수는 없네. 대다수의 기질은 꽤 동등하게 균형을 이루고 있지. 결국 극단적인 것은 없고 이것이 국민으로 하여금 국민의 정치적 그리고 종교적인 환경에 적응하는 것을 배우고 그러한 상황에 만족한 채 그것을 좋아하고 마침내 그러한 것을 선호하게 하네. 국민은 생각하는 것이 아니라 느끼는 것이지. 그들은 그들의 두뇌가 아니라 기질을 통하여 간접적으로 그들의 느낌을 갖게 되네. 국민은 논증이 아니라 환경적인 힘에 의해서 창안되어질 수 있는 어떠한 종류의 정부나 종교를 감수할 수 있게 되지. 그리하여 조만간에 국민은 필요한 조건에 그들 자신을 맞추고 후에는 그것을 선호하게 되며 결국은 그러한 조건을 위해 투쟁하게 되네. 실례로 이러한 역사가 있지 않나? 그리스인, 로마인, 페르시아인, 이집트인, 러시아인, 독일인, 프랑스인, 영국인, 스페인인, 미국인, 남미인, 일본인, 중국인, 인도인, 터키인. 수천 가지의 미개하고 개화된 종교와 고안될 수 있는, 강력한 정부에서 힘없는 정부에 이르는 모든 종류의 정부까지 이 모든 각각의 국민이 다른 것은 무시하면서 자기네 국민만이 유일하고 참된 종교와 합리적인 정부 조직을 가지고 있다고 알고 있지. 각각의 국민은 어찌 보면 바보라고 할 수 있는데 그런 것에 전혀 의구심을 갖지 않은 채 자기네만의 상상속의 최고를 자랑스러워하고, 자기네가 하나님의 선민選民임을 완벽하게 확신하고 온전한 자신감으로 전쟁이 일어날 때는 하나님을 불러 지휘해 줄 것을 바라며, 하나님이 적의 편에 가게 될 때는 놀라게 되나 습관적으로 그러한 것에 타당한 이유를 붙여 이해를 하고 다시 하나님을 찬양하게 되네. 즉 한마디로 자기네 종교가 어떠할지라도, 자기네의 지배자가 강력하든 힘이 없든 인류 전체는 언제나 만족하고 끊임없이 만족하며 영원히 만족하고 행복하며 감사해하며 자랑스러워한다는 것이네. 어떤가? 내가 사실을 말하고 있는가? 자네는 내가 사실을 말하고 있다는 것을 알고 있네. 인류는 활기에 차 있는가? 자네도 그렇다는 것을 알고 있지. 인류는 어떠한 것도 참을 수 있고 행복할 수 있다는 것을 고려해보면 만약 자네가 내가 인류로부터 활기참을 빼앗아갈 수 있는 명백하고도 냉정한 사실을 인류 앞에 제시할 수 있다고 생각할 때 나에게 엄청난 존경심을 갖게 되겠지. 왜냐하면 어떤 것도 그러한 일을 할 수 없기 때문이지. 모든 것이 시도되었지만 성공한 적이 없었네. 자네도 고민하지 않기를 바라네.

WHAT IS MAN?

By Mark Twain

Mark Twain

I

a. Man the Machine. b. Personal Merit

The Old Man and the Young Man had been conversing. The Old Man had asserted that the human being is merely a machine, and nothing more. The Young Man objected, and asked him to go into particulars and furnish his reasons for his position.

Old Man. What are the materials of which a steam-engine is made?

Young Man. Iron, steel, brass, white-metal, and so on.

O.M. Where are these found?

Y.M. In the rocks.

O.M. In a pure state?

Y.M. No — in ores.

O.M. Are the metals suddenly deposited in the ores?

Y.M. No—it is the patient work of countless ages.

O.M. You could make the engine out of the rocks themselves?

Y.M. Yes, a brittle one and not valuable.

O.M. You would not require much, of such an engine as that?

Y.M. No—substantially nothing.

O.M. To make a fine and capable engine, how would you proceed?

Y.M. Drive tunnels and shafts into the hills; blast out the iron ore; crush it, smelt it, reduce it to pig-iron; put some of it through the Bessemer process and make steel of it. Mine and treat and combine several metals of which brass is made.

O.M. Then?

Y.M. Out of the perfected result, build the fine engine.

O.M. You would require much of this one?

Y.M. Oh, indeed yes.

O.M. It could drive lathes, drills, planers, punches, polishers, in a word all the cunning machines of a great factory?

Y.M. It could.

O.M. What could the stone engine do?

Y.M. Drive a sewing-machine, possibly—nothing more, perhaps.

O.M. Men would admire the other engine and rapturously praise it?

Y.M. Yes.

O.M. But not the stone one?

Y.M. No.

O.M. The merits of the metal machine would be far above those of the stone one?

Y.M. Of course.

O.M. Personal merits?

Y.M. PERSONAL merits? How do you mean?

O.M. It would be personally entitled to the credit of its own performance?

Y.M. The engine? Certainly not.

O.M. Why not?

Y.M. Because its performance is not personal. It is the result of the law of construction. It is not a MERIT that it does the things which it is set to do — it can't HELP doing them.

O.M. And it is not a personal demerit in the stone machine that it does so little?

Y.M. Certainly not. It does no more and no less than the law of its make permits and compels it to do. There is nothing PERSONAL about it; it cannot choose. In this process of "working up to the matter" is it your idea to work up to the proposition that man and a machine are about the same thing, and that there is no personal merit in the performance of either?

O.M. Yes — but do not be offended; I am meaning no offense. What makes the grand difference between the stone engine and the steel one? Shall we call it training, education? Shall we call the stone engine a savage and the steel one a civilized man? The original rock contained the stuff of which the steel one was built—but along with a lot of sulphur and stone and other obstructing inborn heredities, brought down from the old geologic ages—prejudices, let us call them. Prejudices which nothing within the rock itself had either POWER to remove or any DESIRE to remove. Will you take note of that phrase?

Y.M. Yes. I have written it down; "Prejudices which nothing within the rock itself had either power to remove or any desire to remove." Go on.

O.M. Prejudices must be removed by OUTSIDE INFLUENCES or not at all. Put that down.

Y.M. Very well; "Must be removed by outside influences or not at all." Go on.

O.M. The iron's prejudice against ridding itself of the cumbering rock. To make it more exact, the iron's absolute INDIFFERENCE as to whether the rock be removed or not. Then comes the OUTSIDE INFLUENCE and grinds the rock to powder and sets the ore free. The IRON in the ore is still captive. An OUTSIDE INFLUENCE smelts it free of the clogging ore. The iron is emancipated iron, now, but indifferent to further progress. An OUTSIDE INFLUENCE beguiles it into the Bessemer furnace and refines it into steel of the first quality. It is educated, now—its training is complete. And it has reached its limit. By no possible process can it be educated into GOLD. Will you set that down?

Y.M. Yes. "Everything has its limit—iron ore cannot be educated into gold."

O.M. There are gold men, and tin men, and copper men, and leaden mean, and steel men, and so on—and each has the limitations of his nature, his heredities, his training, and his environment. You can build engines out of each of these metals, and they will all perform, but you must not require the weak ones to do equal work with the strong ones. In each case, to get the best results, you must free the metal from its obstructing prejudicial ones by education—smelting, refining, and so forth.

Y.M. You have arrived at man, now?

O.M. Yes. Man the machine—man the impersonal engine. Whatsoever a man is, is due to his MAKE, and to the INFLUENCES brought to bear upon it by his heredities, his habitat, his associations. He is moved, directed, COMMANDED, by EXTERIOR influences—SOLELY. He ORIGINATES nothing, not even a thought.

Y.M. Oh, come! Where did I get my opinion that this which you are talking is all foolishness?

O.M. It is a quite natural opinion—indeed an inevitable opinion—but YOU did not create the materials out of which it is formed. They are odds and ends of thoughts, impressions, feelings, gathered unconsciously from a thousand books, a thousand conversations, and from streams of thought and feeling which have flowed down into your heart and brain out of the hearts and brains of centuries of ancestors. PERSONALLY you did not create even the smallest microscopic fragment of the materials out of which your opinion is made; and personally you cannot claim even the slender merit of PUTTING THE BORROWED MATERIALS TOGETHER. That was done AUTOMATICALLY—by your mental machinery, in strict accordance with the law of that machinery's construction. And you not only did not make that machinery yourself, but you have NOT EVEN ANY COMMAND OVER IT.

Y.M. This is too much. You think I could have formed no opinion but that one?

O.M. Spontaneously? No. And YOU DID NOT FORM THAT ONE; your machinery did it for you—automatically and instantly, without reflection or the need of it.

Y.M. Suppose I had reflected? How then?

O.M. Suppose you try?

Y.M. (AFTER A QUARTER OF AN HOUR.) I have reflected.

O.M. You mean you have tried to change your opinion—as an experiment?

Y.M. Yes.

O.M. With success?

Y.M. No. It remains the same; it is impossible to change it.

O.M. I am sorry, but you see, yourself, that your mind is merely a machine, nothing more. You have no command over it, it has no command over itself—it is worked SOLELY FROM THE

OUTSIDE. That is the law of its make; it is the law of all machines.

Y.M. Can't I EVER change one of these automatic opinions?

O.M. No. You can't yourself, but EXTERIOR INFLUENCES can do it.

Y.M. And exterior ones ONLY?

O.M. Yes—exterior ones only.

Y.M. That position is untenable—I may say ludicrously untenable.

O.M. What makes you think so?

Y.M. I don't merely think it, I know it. Suppose I resolve to enter upon a course of thought, and study, and reading, with the deliberate purpose of changing that opinion; and suppose I succeed. THAT is not the work of an exterior impulse, the whole of it is mine and personal; for I originated the project.

O.M. Not a shred of it. IT GREW OUT OF THIS TALK WITH ME. But for that it would not have occurred to you. No man ever originates anything. All his thoughts, all his impulses, come FROM THE OUTSIDE.

Y.M. It's an exasperating subject. The FIRST man had original thoughts, anyway; there was nobody to draw from.

O.M. It is a mistake. Adam's thoughts came to him from the outside. YOU have a fear of death. You did not invent that—you got it from outside, from talking and teaching. Adam had no fear of death—none in the world.

Y.M. Yes, he had.

O.M. When he was created?

Y.M. No.

O.M. When, then?

Y.M. When he was threatened with it.

O.M. Then it came from OUTSIDE. Adam is quite big enough; let us not try to make a god of him. NONE BUT GODS HAVE EVER HAD A THOUGHT WHICH DID NOT COME FROM THE OUTSIDE. Adam probably had a good head, but it was of no sort of use to him until it was filled up FROM THE OUTSIDE. He was not able to invent the triflingest little thing with it. He had not a shadow of a notion of the difference between good and evil—he had to get the idea FROM THE OUTSIDE. Neither he nor Eve was able to originate the idea that it was immodest to go naked; the knowledge came in with the apple FROM THE OUTSIDE. A man's brain is so constructed that IT CAN ORIGINATE NOTHING WHATSOEVER. It can only use material obtained OUTSIDE. It is merely a machine; and it works automatically, not by will-power. IT HAS NO COMMAND OVER ITSELF, ITS OWNER HAS NO COMMAND OVER IT.

Y.M. Well, never mind Adam: but certainly Shakespeare's creations—

O.M. No, you mean Shakespeare's IMITATIONS. Shakespeare created nothing. He correctly observed, and he marvelously painted. He exactly portrayed people whom GOD had created;

but he created none himself. Let us spare him the slander of charging him with trying. Shakespeare could not create. HE WAS A MACHINE, AND MACHINES DO NOT CREATE.

Y.M. Where WAS his excellence, then?

O.M. In this. He was not a sewing-machine, like you and me; he was a Gobelin loom. The threads and the colors came into him FROM THE OUTSIDE; outside influences, suggestions, EXPERIENCES (reading, seeing plays, playing plays, borrowing ideas, and so on), framed the patterns in his mind and started up his complex and admirable machinery, and IT AUTOMATICALLY turned out that pictured and gorgeous fabric which still compels the astonishment of the world. If Shakespeare had been born and bred on a barren and unvisited rock in the ocean his mighty intellect would have had no OUTSIDE MATERIAL to work with, and could have invented none; and NO OUTSIDE INFLUENCES, teachings, moldings, persuasions, inspirations, of a valuable sort, and could have invented none; and so Shakespeare would have produced nothing. In Turkey he would have produced something—something up to the highest limit of Turkish influences, associations, and training. In France he would have produced something better—something up to the highest limit of the French influences and training. In England he rose to the highest limit attainable through the OUTSIDE HELPS AFFORDED BY THAT LAND'S IDEALS, INFLUENCES, AND TRAINING. You and I are but sewing-machines. We must turn out what we can;

we must do our endeavor and care nothing at all when the unthinking reproach us for not turning out Gobelins.

Y.M. And so we are mere machines! And machines may not boast, nor feel proud of their performance, nor claim personal merit for it, nor applause and praise. It is an infamous doctrine.

O.M. It isn't a doctrine, it is merely a fact.

Y.M. I suppose, then, there is no more merit in being brave than in being a coward?

O.M. PERSONAL merit? No. A brave man does not CREATE his bravery. He is entitled to no personal credit for possessing it. It is born to him. A baby born with a billion dollars—where is the personal merit in that? A baby born with nothing—where is the personal demerit in that? The one is fawned upon, admired, worshiped, by sycophants, the other is neglected and despised—where is the sense in it?

Y.M. Sometimes a timid man sets himself the task of conquering his cowardice and becoming brave—and succeeds. What do you say to that?

O.M. That it shows the value of TRAINING IN RIGHT DIRECTIONS OVER TRAINING IN WRONG ONES. Inestimably valuable is training, influence, education, in right directions— TRAINING ONE'S SELF-APPROBATION TO ELEVATE ITS IDEALS.

Y.M. But as to merit—the personal merit of the victorious coward's project and achievement?

O.M. There isn't any. In the world's view he is a worthier man than he was before, but HE didn't achieve the change—the merit of it is not his.

Y.M. Whose, then?

O.M. His MAKE, and the influences which wrought upon it from the outside.

Y.M. His make?

O.M. To start with, he was NOT utterly and completely a coward, or the influences would have had nothing to work upon. He was not afraid of a cow, though perhaps of a bull: not afraid of a woman, but afraid of a man. There was something to build upon. There was a SEED. No seed, no plant. Did he make that seed himself, or was it born in him? It was no merit of HIS that the seed was there.

Y.M. Well, anyway, the idea of CULTIVATING it, the resolution to cultivate it, was meritorious, and he originated that.

O.M. He did nothing of the kind. It came whence ALL impulses, good or bad, come—from OUTSIDE. If that timid man had lived all his life in a community of human rabbits, had never read of brave deeds, had never heard speak of them, had never heard any one praise them nor express envy of the heroes that had done them, he would have had no more idea of bravery than Adam had of modesty, and it could never by any possibility have occurred to him to RESOLVE to become brave. He COULD NOT ORIGINATE THE IDEA—it had to come to him from the

OUTSIDE. And so, when he heard bravery extolled and cowardice derided, it woke him up. He was ashamed. Perhaps his sweetheart turned up her nose and said, "I am told that you are a coward!" It was not HE that turned over the new leaf—she did it for him. HE must not strut around in the merit of it—it is not his.

Y.M. But, anyway, he reared the plant after she watered the seed.

O.M. No. OUTSIDE INFLUENCES reared it. At the command—and trembling—he marched out into the field—with other soldiers and in the daytime, not alone and in the dark. He had the INFLUENCE OF EXAMPLE, he drew courage from his comrades' courage; he was afraid, and wanted to run, but he did not dare; he was AFRAID to run, with all those soldiers looking on. He was progressing, you see—the moral fear of shame had risen superior to the physical fear of harm. By the end of the campaign experience will have taught him that not ALL who go into battle get hurt—an outside influence which will be helpful to him; and he will also have learned how sweet it is to be praised for courage and be huzza'd at with tear-choked voices as the war-worn regiment marches past the worshiping multitude with flags flying and the drums beating. After that he will be as securely brave as any veteran in the army—and there will not be a shade nor suggestion of PERSONAL MERIT in it anywhere; it will all have come from the OUTSIDE. The Victoria Cross breeds more heroes than—

Y.M. Hang it, where is the sense in his becoming brave if he is to get no credit for it?

O.M. Your question will answer itself presently. It involves an important detail of man's make which we have not yet touched upon.

Y.M. What detail is that?

O.M. The impulse which moves a person to do things—the only impulse that ever moves a person to do a thing.

Y.M. The ONLY one! Is there but one?

O.M. That is all. There is only one.

Y.M. Well, certainly that is a strange enough doctrine. What is the sole impulse that ever moves a person to do a thing?

O.M. The impulse to CONTENT HIS OWN SPIRIT—the NECESSITY of contenting his own spirit and WINNING ITS APPROVAL.

Y.M. Oh, come, that won't do!

O.M. Why won't it?

Y.M. Because it puts him in the attitude of always looking out for his own comfort and advantage; whereas an unselfish man often does a thing solely for another person's good when it is a positive disadvantage to himself.

O.M. It is a mistake. The act must do HIM good, FIRST; otherwise he will not do it. He may THINK he is doing it solely for the other person's sake, but it is not so; he is contenting his own spirit first—the other's person's benefit has to always take SECOND place.

Y.M. What a fantastic idea! What becomes of self-sacrifice? Please answer me that.

O.M. What is self-sacrifice?

Y.M. The doing good to another person where no shadow nor suggestion of benefit to one's self can result from it.

II

Man's Sole Impulse —
the Securing of His Own Approval

Old Man. There have been instances of it — you think?

Young Man. INSTANCES? Millions of them!

O.M. You have not jumped to conclusions? You have examined them — critically?

Y.M. They don't need it: the acts themselves reveal the golden impulse back of them.

O.M. For instance?

Y.M. Well, then, for instance. Take the case in the book here. The man lives three miles up-town. It is bitter cold, snowing hard, midnight. He is about to enter the horse-car when a gray and ragged old woman, a touching picture of misery, puts out her lean hand and begs for rescue from hunger and death. The man finds that he has a quarter in his pocket, but he does not hesitate: he gives it her and trudges home through the storm.

There — it is noble, it is beautiful; its grace is marred by no fleck or blemish or suggestion of self-interest.

O.M. What makes you think that?

Y.M. Pray what else could I think? Do you imagine that there is some other way of looking at it?

O.M. Can you put yourself in the man's place and tell me what he felt and what he thought?

Y.M. Easily. The sight of that suffering old face pierced his generous heart with a sharp pain. He could not bear it. He could endure the three-mile walk in the storm, but he could not endure the tortures his conscience would suffer if he turned his back and left that poor old creature to perish. He would not have been able to sleep, for thinking of it.

O.M. What was his state of mind on his way home?

Y.M. It was a state of joy which only the self-sacrificer knows. His heart sang, he was unconscious of the storm.

O.M. He felt well?

Y.M. One cannot doubt it.

O.M. Very well. Now let us add up the details and see how much he got for his twenty-five cents. Let us try to find out the REAL why of his making the investment. In the first place HE couldn't bear the pain which the old suffering face gave him. So he was thinking of HIS pain — this good man. He must buy a salve for it. If he did not succor the old woman HIS conscience would torture him all the way home. Thinking of HIS pain again.

He must buy relief for that. If he didn't relieve the old woman HE would not get any sleep. He must buy some sleep—still thinking of HIMSELF, you see. Thus, to sum up, he bought himself free of a sharp pain in his heart, he bought himself free of the tortures of a waiting conscience, he bought a whole night's sleep—all for twenty-five cents! It should make Wall Street ashamed of itself. On his way home his heart was joyful, and it sang—profit on top of profit! The impulse which moved the man to succor the old woman was—FIRST—to CONTENT HIS OWN SPIRIT; secondly to relieve HER sufferings. Is it your opinion that men's acts proceed from one central and unchanging and inalterable impulse, or from a variety of impulses?

Y.M. From a variety, of course—some high and fine and noble, others not. What is your opinion?

O.M. Then there is but ONE law, one source.

Y.M. That both the noblest impulses and the basest proceed from that one source?

O.M. Yes.

Y.M. Will you put that law into words?

O.M. Yes. This is the law, keep it in your mind. FROM HIS CRADLE TO HIS GRAVE A MAN NEVER DOES A SINGLE THING WHICH HAS ANY FIRST AND FOREMOST OBJECT BUT ONE— TO SECURE PEACE OF MIND, SPIRITUAL COMFORT, FOR HIMSELF.

Y.M. Come! He never does anything for any one else's comfort, spiritual or physical?

O.M. No. EXCEPT ON THOSE DISTINCT TERMS—that it shall FIRST secure HIS OWN spiritual comfort. Otherwise he will not do it.

Y.M. It will be easy to expose the falsity of that proposition.

O.M. For instance?

Y.M. Take that noble passion, love of country, patriotism. A man who loves peace and dreads pain, leaves his pleasant home and his weeping family and marches out to manfully expose himself to hunger, cold, wounds, and death. Is that seeking spiritual comfort?

O.M. He loves peace and dreads pain?

Y.M. Yes.

O.M. Then perhaps there is something that he loves MORE than he loves peace—THE APPROVAL OF HIS NEIGHBORS AND THE PUBLIC. And perhaps there is something which he dreads more than he dreads pain—the DISAPPROVAL of his neighbors and the public. If he is sensitive to shame he will go to the field—not because his spirit will be ENTIRELY comfortable there, but because it will be more comfortable there than it would be if he remained at home. He will always do the thing which will bring him the MOST mental comfort—for that is THE SOLE LAW OF HIS LIFE. He leaves the weeping family behind; he is sorry to make them uncomfortable, but not sorry enough to sacrifice his OWN comfort to secure theirs.

Y.M. Do you really believe that mere public opinion could force a timid and peaceful man to—

O.M. Go to war? Yes—public opinion can force some men to do ANYTHING.

Y.M. ANYTHING?

O.M. Yes—anything.

Y.M. I don't believe that. Can it force a right-principled man to do a wrong thing?

O.M. Yes.

Y.M. Can it force a kind man to do a cruel thing?

O.M. Yes.

Y.M. Give an instance.

O.M. Alexander Hamilton was a conspicuously high-principled man. He regarded dueling as wrong, and as opposed to the teachings of religion—but in deference to PUBLIC OPINION he fought a duel. He deeply loved his family, but to buy public approval he treacherously deserted them and threw his life away, ungenerously leaving them to lifelong sorrow in order that he might stand well with a foolish world. In the then condition of the public standards of honor he could not have been comfortable with the stigma upon him of having refused to fight. The teachings of religion, his devotion to his family, his kindness of heart, his high principles, all went for nothing when they stood in the way of his spiritual comfort. A man will do

ANYTHING, no matter what it is, TO SECURE HIS SPIRITUAL COMFORT; and he can neither be forced nor persuaded to any act which has not that goal for its object. Hamilton's act was compelled by the inborn necessity of contenting his own spirit; in this it was like all the other acts of his life, and like all the acts of all men's lives. Do you see where the kernel of the matter lies? A man cannot be comfortable without HIS OWN approval. He will secure the largest share possible of that, at all costs, all sacrifices.

Y.M. A minute ago you said Hamilton fought that duel to get PUBLIC approval.

O.M. I did. By refusing to fight the duel he would have secured his family's approval and a large share of his own; but the public approval was more valuable in his eyes than all other approvals put together — in the earth or above it; to secure that would furnish him the MOST comfort of mind, the most SELF-approval; so he sacrificed all other values to get it.

Y.M. Some noble souls have refused to fight duels, and have manfully braved the public contempt.

O.M. They acted ACCORDING TO THEIR MAKE. They valued their principles and the approval of their families ABOVE the public approval. They took the thing they valued MOST and let the rest go. They took what would give them the LARGEST share of PERSONAL CONTENTMENT AND APPROVAL — a man ALWAYS does. Public opinion cannot force that kind of men to go to the wars. When they go it is for other reasons. Other spirit-contenting reasons.

Y.M. Always spirit-contenting reasons?

O.M. There are no others.

Y.M. When a man sacrifices his life to save a little child from a burning building, what do you call that?

O.M. When he does it, it is the law of HIS make. HE can't bear to see the child in that peril (a man of a different make COULD), and so he tries to save the child, and loses his life. But he has got what he was after—HIS OWN APPROVAL.

Y.M. What do you call Love, Hate, Charity, Revenge, Humanity, Magnanimity, Forgiveness?

O.M. Different results of the one Master Impulse: the necessity of securing one's self approval. They wear diverse clothes and are subject to diverse moods, but in whatsoever ways they masquerade they are the SAME PERSON all the time. To change the figure, the COMPULSION that moves a man—and there is but the one—is the necessity of securing the contentment of his own spirit. When it stops, the man is dead.

Y.M. That is foolishness. Love—

O.M. Why, love is that impulse, that law, in its most uncompromising form. It will squander life and everything else on its object. Not PRIMARILY for the object? sake, but for ITS OWN. When its object is happy IT is happy—and that is what it is unconsciously after.

Y.M. You do not even except the lofty and gracious passion of mother-love?

O.M. No, IT is the absolute slave of that law. The mother will go naked to clothe her child; she will starve that it may have food; suffer torture to save it from pain; die that it may live. She takes a living PLEASURE in making these sacrifices. SHE DOES IT FOR THAT REWARD—that self-approval, that contentment, that peace, that comfort. SHE WOULD DO IT FOR YOUR CHILD IF SHE COULD GET THE SAME PAY.

Y.M. This is an infernal philosophy of yours.

O.M. It isn't a philosophy, it is a fact.

Y.M. Of course you must admit that there are some acts which—

O.M. No. There is NO act, large or small, fine or mean, which springs from any motive but the one—the necessity of appeasing and contenting one's own spirit.

Y.M. The world's philanthropists—

O.M. I honor them, I uncover my head to them—from habit and training; and THEY could not know comfort or happiness or self-approval if they did not work and spend for the unfortunate. It makes THEM happy to see others happy; and so with money and labor they buy what they are after—HAPPINESS, SELF-APPROVAL. Why don't miners do the same thing? Because they can get a thousandfold more happiness by NOT doing it. There is no other reason. They follow the law of their make.

Y.M. What do you say of duty for duty's sake?

O.M. That IS DOES NOT EXIST. Duties are not performed for duty's SAKE, but because their NEGLECT would make the man UNCOMFORTABLE. A man performs but ONE duty—the duty of contenting his spirit, the duty of making himself agreeable to himself. If he can most satisfyingly perform this sole and only duty by HELPING his neighbor, he will do it; if he can most satisfyingly perform it by SWINDLING his neighbor, he will do it. But he always looks out for Number One—FIRST; the effects upon others are a SECONDARY matter. Men pretend to self-sacrifices, but this is a thing which, in the ordinary value of the phrase, DOES NOT EXIST AND HAS NOT EXISTED. A man often honestly THINKS he is sacrificing himself merely and solely for some one else, but he is deceived; his bottom impulse is to content a requirement of his nature and training, and thus acquire peace for his soul.

Y.M. Apparently, then, all men, both good and bad ones, devote their lives to contenting their consciences.

O.M. Yes. That is a good enough name for it: Conscience—that independent Sovereign, that insolent absolute Monarch inside of a man who is the man's Master. There are all kinds of consciences, because there are all kinds of men. You satisfy an assassin's conscience in one way, a philanthropist's in another, a miser's in another, a burglar's in still another. As a GUIDE or INCENTIVE to any authoritatively prescribed line of morals or conduct (leaving TRAINING out of the account), a man's conscience is totally valueless. I know a kind-hearted Kentuckian whose self-approval was lacking—whose conscience was troubling him, to phrase it with exactness—BECAUSE HE HAD NEGLECTED TO KILL A CERTAIN MAN—a man whom he had never seen. The stranger had killed this man's friend in a fight, this man's Kentucky training made it a duty to kill the stranger for it. He neglected his duty—kept dodging it, shirking it, putting it off, and his unrelenting conscience kept persecuting him for this conduct. At last, to get ease of mind, comfort, self-approval, he hunted up the stranger and took his life. It was an immense act of SELF-SACRIFICE (as per the usual definition), for he did not want to do it, and he never would have done it if he could have bought a contented spirit and an unworried mind at smaller cost. But we are so made that we will pay ANYTHING for that contentment—even another man's life.

Y.M. You spoke a moment ago of TRAINED consciences. You mean that we are not BORN with consciences competent to guide us aright?

O.M. If we were, children and savages would know right from wrong, and not have to be taught it.

Y.M. But consciences can be TRAINED?

O.M. Yes.

Y.M. Of course by parents, teachers, the pulpit, and books.

O.M. Yes—they do their share; they do what they can.

Y.M. And the rest is done by—

O.M. Oh, a million unnoticed influences—for good or bad: influences which work without rest during every waking moment of a man's life, from cradle to grave.

Y.M. You have tabulated these?

O.M. Many of them—yes.

Y.M. Will you read me the result?

O.M. Another time, yes. It would take an hour.

Y.M. A conscience can be trained to shun evil and prefer good?

O.M. Yes.

Y.M. But will it for spirit-contenting reasons only?

O.M. It CAN'T be trained to do a thing for any OTHER reason. The thing is impossible.

Y.M. There MUST be a genuinely and utterly self-sacrificing act recorded in human history somewhere.

O.M. You are young. You have many years before you. Search one out.

Y.M. It does seem to me that when a man sees a fellow-being struggling in the water and jumps in at the risk of his life to save him—

O.M. Wait. Describe the MAN. Describe the FELLOW-BEING. State if there is an AUDIENCE present; or if they are ALONE.

Y.M. What have these things to do with the splendid act?

O.M. Very much. Shall we suppose, as a beginning, that the two are alone, in a solitary place, at midnight?

Y.M. If you choose.

O.M. And that the fellow-being is the man's daughter?

Y.M. Well, n-no—make it someone else.

O.M. A filthy, drunken ruffian, then?

Y.M. I see. Circumstances alter cases. I suppose that if there was no audience to observe the act, the man wouldn't perform it.

O.M. But there is here and there a man who WOULD. People, for instance, like the man who lost his life trying to save the child from the fire; and the man who gave the needy old woman his twenty-five cents and walked home in the storm—there are here and there men like that who would do it. And why? Because they couldn't BEAR to see a fellow-being struggling in the water and not jump in and help. It would give THEM pain. They would save the fellow-being on that account. THEY WOULDN'T DO IT OTHERWISE. They strictly obey the law which I have been insisting upon. You must remember and always distinguish the people who CAN'T BEAR things from people who CAN. It will throw light upon a number of apparently "self-sacrificing" cases.

Y.M. Oh, dear, it's all so disgusting.

O.M. Yes. And so true.

Y.M. Come—take the good boy who does things he doesn't want to do, in order to gratify his mother.

O.M. He does seven-tenths of the act because it gratifies HIM to gratify his mother. Throw the bulk of advantage the other way and the good boy would not do the act. He MUST obey the iron law. None can escape it.

Y.M. Well, take the case of a bad boy who—

O.M. You needn't mention it, it is a waste of time. It is no matter about the bad boy's act. Whatever it was, he had a spirit-contenting reason for it. Otherwise you have been misinformed, and he didn't do it.

Y.M. It is very exasperating. A while ago you said that man's conscience is not a born judge of morals and conduct, but has to be taught and trained. Now I think a conscience can get drowsy and lazy, but I don't think it can go wrong; if you wake it up—

A Little Story

O.M. I will tell you a little story:

Once upon a time an Infidel was guest in the house of a Christian widow whose little boy was ill and near to death. The Infidel often watched by the bedside and entertained the boy with talk, and he used these opportunities to satisfy a strong longing in his nature—that desire which is in us all to better other people's condition by having them think as we think. He was successful. But the dying boy, in his last moments, reproached him and said: "I BELIEVED, AND WAS HAPPY IN IT; YOU HAVE TAKEN MY BELIEF AWAY, AND MY COMFORT. NOW I HAVE NOTHING LEFT, AND I DIE MISERABLE; FOR THE THINGS WHICH YOU HAVE TOLD ME DO NOT TAKE THE PLACE OF THAT WHICH I

HAVE LOST."

And the mother, also, reproached the Infidel, and said:

"MY CHILD IS FOREVER LOST, AND MY HEART IS BROKEN. HOW COULD YOU DO THIS CRUEL THING? WE HAVE DONE YOU NO HARM, BUT ONLY KINDNESS; WE MADE OUR HOUSE YOUR HOME, YOU WERE WELCOME TO ALL WE HAD, AND THIS IS OUR REWARD."

The heart of the Infidel was filled with remorse for what he had done, and he said:

"IT WAS WRONG—I SEE IT NOW; BUT I WAS ONLY TRYING TO DO HIM GOOD. IN MY VIEW HE WAS IN ERROR; IT SEEMED MY DUTY TO TEACH HIM THE TRUTH."

Then the mother said:

"I HAD TAUGHT HIM, ALL HIS LITTLE LIFE, WHAT I BELIEVED TO BE THE TRUTH, AND IN HIS BELIEVING FAITH BOTH OF US WERE HAPPY. NOW HE IS DEAD,—AND LOST; AND I AM MISERABLE. OUR FAITH CAME DOWN TO US THROUGH CENTURIES OF BELIEVING ANCESTORS; WHAT RIGHT HAD YOU, OR ANY ONE, TO DISTURB IT? WHERE WAS YOUR HONOR, WHERE WAS YOUR SHAME?"

Y.M. He was a miscreant, and deserved death!

O.M. He thought so himself, and said so.

Y.M. Ah—you see, HIS CONSCIENCE WAS AWAKENED!

O.M. Yes, his Self-Disapproval was. It PAINED him to see the mother suffer. He was sorry he had done a thing which brought

HIM pain. It did not occur to him to think of the mother when he was misteaching the boy, for he was absorbed in providing PLEASURE for himself, then. Providing it by satisfying what he believed to be a call of duty.

Y.M. Call it what you please, it is to me a case of AWAKENED CONSCIENCE. That awakened conscience could never get itself into that species of trouble again. A cure like that is a PERMANENT cure.

O.M. Pardon—I had not finished the story. We are creatures of OUTSIDE INFLUENCES—we originate NOTHING within. Whenever we take a new line of thought and drift into a new line of belief and action, the impulse is ALWAYS suggested from the OUTSIDE. Remorse so preyed upon the Infidel that it dissolved his harshness toward the boy's religion and made him come to regard it with tolerance, next with kindness, for the boy's sake and the mother's. Finally he found himself examining it. From that moment his progress in his new trend was steady and rapid. He became a believing Christian. And now his remorse for having robbed the dying boy of his faith and his salvation was bitterer than ever. It gave him no rest, no peace. He MUST have rest and peace—it is the law of nature. There seemed but one way to get it; he must devote himself to saving imperiled souls. He became a missionary. He landed in a pagan country ill and helpless. A native widow took him into her humble home and nursed him back to convalescence. Then her young boy was taken hopelessly ill, and the grateful missionary helped her tend him. Here was his first opportunity to repair a part of the wrong done to the other boy by doing a precious service for this one by undermining his foolish faith in his false gods. He was successful. But the dying boy in his last moments reproached him and said:

"I BELIEVED, AND WAS HAPPY IN IT; YOU HAVE TAKEN MY BELIEF AWAY, AND MY COMFORT. NOW I HAVE NOTHING LEFT, AND I DIE MISERABLE; FOR THE THINGS WHICH YOU HAVE TOLD ME DO NOT TAKE THE PLACE OF THAT WHICH I HAVE LOST."

And the mother, also, reproached the missionary, and said:

"MY CHILD IS FOREVER LOST, AND MY HEART IS BROKEN. HOW COULD YOU DO THIS CRUEL THING? WE HAD DONE YOU NO HARM, BUT ONLY KINDNESS; WE MADE OUR HOUSE YOUR HOME, YOU WERE WELCOME TO ALL WE HAD, AND THIS IS OUR REWARD."

The heart of the missionary was filled with remorse for what he had done, and he said:

"IT WAS WRONG—I SEE IT NOW; BUT I WAS ONLY TRYING TO DO HIM GOOD. IN MY VIEW HE WAS IN ERROR; IT SEEMED MY DUTY TO TEACH HIM THE TRUTH."

Then the mother said:

"I HAD TAUGHT HIM, ALL HIS LITTLE LIFE, WHAT I BELIEVED TO BE THE TRUTH, AND IN HIS BELIEVING FAITH BOTH OF

US WERE HAPPY. NOW HE IS DEAD—AND LOST; AND I AM MISERABLE. OUR FAITH CAME DOWN TO US THROUGH CENTURIES OF BELIEVING ANCESTORS; WHAT RIGHT HAD YOU, OR ANY ONE, TO DISTURB IT? WHERE WAS YOUR HONOR, WHERE WAS YOUR SHAME?"

The missionary's anguish of remorse and sense of treachery were as bitter and persecuting and unappeasable, now, as they had been in the former case. The story is finished. What is your comment?

Y.M. The man's conscience is a fool! It was morbid. It didn't know right from wrong.

O.M. I am not sorry to hear you say that. If you grant that ONE man's conscience doesn't know right from wrong, it is an admission that there are others like it. This single admission pulls down the whole doctrine of infallibility of judgment in consciences. Meantime there is one thing which I ask you to notice.

Y.M. What is that?

O.M. That in both cases the man's ACT gave him no spiritual discomfort, and that he was quite satisfied with it and got pleasure out of it. But afterward when it resulted in PAIN to HIM, he was sorry. Sorry it had inflicted pain upon the others, BUT FOR NO REASON UNDER THE SUN EXCEPT THAT THEIR PAIN GAVE HIM PAIN. Our consciences take NO notice of pain inflicted upon others until it reaches a point where it gives pain to US. In ALL cases without exception we are absolutely indifferent to another person's pain until his sufferings make us uncomfortable. Many an infidel would not have been troubled by that Christian mother's distress. Don't you believe that?

Y.M. Yes. You might almost say it of the AVERAGE infidel, I think.

O.M. And many a missionary, sternly fortified by his sense of duty, would not have been troubled by the pagan mother's distress—Jesuit missionaries in Canada in the early French times, for instance; see episodes quoted by Parkman.

Y.M. Well, let us adjourn. Where have we arrived?

O.M. At this. That we (mankind) have ticketed ourselves with a number of qualities to which we have given misleading names. Love, Hate, Charity, Compassion, Avarice, Benevolence, and so on. I mean we attach misleading MEANINGS to the names. They are all forms of self-contentment, self-gratification, but the names so disguise them that they distract our attention from the fact. Also we have smuggled a word into the dictionary which ought not to be there at all—Self-Sacrifice. It describes a thing which does not exist. But worst of all, we ignore and never mention the Sole Impulse which dictates and compels a man's every act: the imperious necessity of securing his own approval, in every emergency and at all costs. To it we owe all that we are. It is our breath, our heart, our blood. It is our only spur, our whip, our goad, our only impelling power; we have no other. Without it we should be mere inert images, corpses; no one would do anything, there would be no progress, the world would stand still. We ought to stand reverently uncovered when the name of that stupendous power is uttered.

Y.M. I am not convinced.

O.M. You will be when you think.

III

Instances in Point

Old Man. Have you given thought to the Gospel of Self-Approval since we talked?

Young Man. I have.

O.M. It was I that moved you to it. That is to say an OUTSIDE INFLUENCE moved you to it—not one that originated in your head. Will you try to keep that in mind and not forget it?

Y.M. Yes. Why?

O.M. Because by and by in one of our talks, I wish to further impress upon you that neither you, nor I, nor any man ever originates a thought in his own head. THE UTTERER OF A THOUGHT ALWAYS UTTERS A SECOND-HAND ONE.

Y.M. Oh, now—

O.M. Wait. Reserve your remark till we get to that part of our discussion—tomorrow or next day, say. Now, then, have you been considering the proposition that no act is ever born of any but a self-contenting impulse—(primarily). You have sought. What have you found?

Y.M. I have not been very fortunate. I have examined many fine and apparently self-sacrificing deeds in romances and biographies, but—

O.M. Under searching analysis the ostensible self-sacrifice disappeared? It naturally would.

Y.M. But here in this novel is one which seems to promise. In the Adirondack woods is a wage-earner and lay preacher in the lumber-camps who is of noble character and deeply religious. An earnest and practical laborer in the New York slums comes up there on vacation—he is leader of a section of the University Settlement. Holme, the lumberman, is fired with a desire to throw away his excellent worldly prospects and go down and save souls on the East Side. He counts it happiness to make this sacrifice for the glory of God and for the cause of Christ. He resigns his place, makes the sacrifice cheerfully, and goes to the East Side and preaches Christ and Him crucified every day and every night to little groups of half-civilized foreign paupers who scoff at him. But he rejoices in the scoffings, since he is suffering them in the great cause of Christ. You have so filled my mind with suspicions that I was constantly expecting to find a hidden questionable impulse back of all this, but I am thankful to say I have failed. This man saw his duty, and for DUTY'S SAKE he sacrificed self and assumed the burden it imposed.

O.M. Is that as far as you have read?

Y.M. Yes.

O.M. Let us read further, presently. Meantime, in sacrificing himself—NOT for the glory of God, PRIMARILY, as HE imagined, but FIRST to content that exacting and inflexible master within him—DID HE SACRIFICE ANYBODY ELSE?

Y.M. How do you mean?

O.M. He relinquished a lucrative post and got mere food and lodging in place of it. Had he dependents?

Y.M. Well—yes.

O.M. In what way and to what extend did his self-sacrifice affect THEM?

Y.M. He was the support of a superannuated father. He had a young sister with a remarkable voice—he was giving her a musical education, so that her longing to be self-supporting might be gratified. He was furnishing the money to put a young brother through a polytechnic school and satisfy his desire to become a civil engineer.

O.M. The old father's comforts were now curtailed?

Y.M. Quite seriously. Yes.

O.M. The sister's music-lessens had to stop?

Y.M. Yes.

O.M. The young brother's education—well, an extinguishing blight fell upon that happy dream, and he had to go to sawing wood to support the old father, or something like that?

Y.M. It is about what happened. Yes.

O.M. What a handsome job of self-sacrificing he did do! It seems to me that he sacrificed everybody EXCEPT himself. Haven't I told you that no man EVER sacrifices himself; that there is no instance of it upon record anywhere; and that when a man's Interior Monarch requires a thing of its slave for either its MOMENTARY or its PERMANENT contentment, that thing must and will be furnished and that command obeyed, no matter who may stand in the way and suffer disaster by it? That man RUINED HIS FAMILY to please and content his Interior Monarch—

Y.M. And help Christ's cause.

O.M. Yes—SECONDLY. Not firstly. HE thought it was firstly.

Y.M. Very well, have it so, if you will. But it could be that he argued that if he saved a hundred souls in New York—

O.M. The sacrifice of the FAMILY would be justified by that great profit upon the—the—what shall we call it?

Y.M. Investment?

O.M. Hardly. How would SPECULATION do? How would GAMBLE do? Not a solitary soul-capture was sure. He played for a possible thirty-three-hundred-per-cent profit. It was GAMBLING—with his family for "chips." However let us see how the game came out. Maybe we can get on the track of the secret original impulse, the REAL impulse, that moved him to so nobly self-sacrifice his family in the Savior's cause under the superstition that he was sacrificing himself. I will read a chapter or so... Here we have it! It was bound to expose itself sooner or later. He preached to the East-Side rabble a season, then went back to his old dull, obscure life in the lumber-camps "HURT TO THE HEART, HIS PRIDE HUMBLED." Why? Were not his efforts acceptable to the Savior, for Whom alone they were made? Dear me, that detail is LOST SIGHT OF, is not even referred to, the fact that it started out as a motive is entirely forgotten! Then what is the trouble? The authoress quite innocently and unconsciously gives the whole business away. The trouble was this: this man merely PREACHED to the poor; that is not the University Settlement's way; it deals in larger and better things than that, and it did not enthuse over that crude Salvation-Army eloquence. It was courteous to Holme—but cool. It did not pet him, did not take him to its bosom. "PERISHED WERE ALL HIS DREAMS OF DISTINCTION, THE PRAISE AND GRATEFUL APPROVAL—" Of whom? The Savior? No; the Savior is not mentioned. Of whom, then? Of "His FELLOW-WORKERS." Why did he want that? Because the Master inside of him wanted it, and would not be content without it. That emphasized sentence quoted above, reveals the secret we have been seeking, the original impulse, the REAL impulse, which moved the obscure and unappreciated Adirondack lumberman to sacrifice his family and go on that crusade to the East Side—which said original impulse was this, to wit: without knowing it HE WENT THERE TO SHOW A

NEGLECTED WORLD THE LARGE TALENT THAT WAS IN HIM, AND RISE TO DISTINCTION. As I have warned you before, NO act springs from any but the one law, the one motive. But I pray you, do not accept this law upon my say-so; but diligently examine for yourself. Whenever you read of a self-sacrificing act or hear of one, or of a duty done for DUTY'S SAKE, take it to pieces and look for the REAL motive. It is always there.

Y.M. I do it every day. I cannot help it, now that I have gotten started upon the degrading and exasperating quest. For it is hatefully interesting!—in fact, fascinating is the word. As soon as I come across a golden deed in a book I have to stop and take it apart and examine it, I cannot help myself.

O.M. Have you ever found one that defeated the rule?

Y.M. No—at least, not yet. But take the case of servant-tipping in Europe. You pay the HOTEL for service; you owe the servants NOTHING, yet you pay them besides. Doesn't that defeat it?

O.M. In what way?

Y.M. You are not OBLIGED to do it, therefore its source is compassion for their ill-paid condition, and—

O.M. Has that custom ever vexed you, annoyed you, irritated you?

Y.M. Well, yes.

O.M. Still you succumbed to it?

Y.M. Of course.

O.M. Why of course?

Y.M. Well, custom is law, in a way, and laws must be submitted to—everybody recognizes it as a DUTY.

O.M. Then you pay for the irritating tax for DUTY'S sake?

Y.M. I suppose it amounts to that.

O.M. Then the impulse which moves you to submit to the tax is not ALL compassion, charity, benevolence?

Y.M. Well—perhaps not.

O.M. Is ANY of it?

Y.M. I—perhaps I was too hasty in locating its source.

O.M. Perhaps so. In case you ignored the custom would you get prompt and effective service from the servants?

Y.M. Oh, hear yourself talk! Those European servants? Why, you wouldn't get any of all, to speak of.

O.M. Couldn't THAT work as an impulse to move you to pay the tax?

Y.M. I am not denying it.

O.M. Apparently, then, it is a case of for-duty's-sake with a little self-interest added?

Y.M. Yes, it has the look of it. But here is a point: we pay that tax knowing it to be unjust and an extortion; yet we go away with a pain at the heart if we think we have been stingy with the poor fellows; and we heartily wish we were back again, so that we could do the right thing, and MORE than the right thing, the GENEROUS thing. I think it will be difficult for you to find any thought of self in that impulse.

O.M. I wonder why you should think so. When you find service charged in the HOTEL bill does it annoy you?

Y.M. No.

O.M. Do you ever complain of the amount of it?

Y.M. No, it would not occur to me.

O.M. The EXPENSE, then, is not the annoying detail. It is a fixed charge, and you pay it cheerfully, you pay it without a murmur. When you came to pay the servants, how would you like it if each of the men and maids had a fixed charge?

Y.M. Like it? I should rejoice!

O.M. Even if the fixed tax were a shade MORE than you had been in the habit of paying in the form of tips?

Y.M. Indeed, yes!

O.M. Very well, then. As I understand it, it isn't really compassion nor yet duty that moves you to pay the tax, and it isn't the AMOUNT of the tax that annoys you. Yet SOMETHING annoys you. What is it?

Y.M. Well, the trouble is, you never know WHAT to pay, the tax varies so, all over Europe.

O.M. So you have to guess?

Y.M. There is no other way. So you go on thinking and thinking, and calculating and guessing, and consulting with other people and getting their views; and it spoils your sleep nights, and makes you distraught in the daytime, and while you are pretending to look at the sights you are only guessing and guessing and guessing all the time, and being worried and miserable.

O.M. And all about a debt which you don't owe and don't have to pay unless you want to! Strange. What is the purpose of the guessing?

Y.M. To guess out what is right to give them, and not be unfair to any of them.

O.M. It has quite a noble look—taking so much pains and using up so much valuable time in order to be just and fair to a poor servant to whom you owe nothing, but who needs money and is ill paid.

Y.M. I think, myself, that if there is any ungracious motive back of it it will be hard to find.

O.M. How do you know when you have not paid a servant fairly?

Y.M. Why, he is silent; does not thank you. Sometimes he gives you a look that makes you ashamed. You are too proud to rectify your mistake there, with people looking, but afterward you keep on wishing and wishing you HAD done it. My, the shame and the pain of it! Sometimes you see, by the signs, that you have it JUST RIGHT, and you go away mightily satisfied. Sometimes the man is so effusively thankful that you know you have given him a good deal MORE than was necessary.

O.M. NECESSARY? Necessary for what?

Y.M. To content him.

O.M. How do you feel THEN?

Y.M. Repentant.

O.M. It is my belief that you have NOT been concerning yourself in guessing out his just dues, but only in ciphering out what would CONTENT him. And I think you have a self-deluding reason for that.

Y.M. What was it?

O.M. If you fell short of what he was expecting and wanting, you would get a look which would SHAME YOU BEFORE FOLK. That would give you PAIN. YOU—for you are only working for yourself, not HIM. If you gave him too much you would be ASHAMED OF YOURSELF for it, and that would give YOU pain—another case of thinking of YOURSELF, protecting yourself, SAVING YOURSELF FROM DISCOMFORT. You never think of the servant once—except to guess out how to get HIS APPROVAL. If you get that, you get your OWN approval, and that is the sole and only thing you are after. The Master inside of you is then satisfied, contented, comfortable; there was NO OTHER thing at stake, as a matter of FIRST interest, anywhere in the transaction.

Further Instances

Y.M. Well, to think of it; Self-Sacrifice for others, the grandest thing in man, ruled out! non-existent!

O.M. Are you accusing me of saying that?

Y.M. Why, certainly.

O.M. I haven't said it.

Y.M. What did you say, then?

O.M. That no man has ever sacrificed himself in the common meaning of that phrase—which is, self-sacrifice for another ALONE. Men make daily sacrifices for others, but it is for their own sake FIRST. The act must content their own spirit FIRST. The other beneficiaries come second.

Y.M. And the same with duty for duty's sake?

O.M. Yes. No man performs a duty for mere duty's sake; the act must content his spirit FIRST. He must feel better for DOING the duty than he would for shirking it. Otherwise he will not do it.

Y.M. Take the case of the BERKELEY CASTLE.

O.M. It was a noble duty, greatly performed. Take it to pieces and examine it, if you like.

Y.M. A British troop-ship crowded with soldiers and their wives and children. She struck a rock and began to sink. There was room in the boats for the women and children only. The colonel lined up his regiment on the deck and said "it is our duty to die, that they may be saved." There was no murmur, no protest. The boats carried away the women and children. When the death-moment was come, the colonel and his officers took their several posts, the men stood at shoulder-arms, and so, as on dress-parade, with their flag flying and the drums beating, they went down, a sacrifice to duty for duty's sake. Can you view it as other than that?

O.M. It was something as fine as that, as exalted as that. Could you have remained in those ranks and gone down to your death in that unflinching way?

Y.M. Could I? No, I could not.

O.M. Think. Imagine yourself there, with that watery doom creeping higher and higher around you.

Y.M. I can imagine it. I feel all the horror of it. I could not have endured it, I could not have remained in my place. I know it.

O.M. Why?

Y.M. There is no why about it: I know myself, and I know I couldn't DO it.

O.M. But it would be your DUTY to do it.

Y.M. Yes, I know — but I couldn't.

O.M. It was more than thousand men, yet not one of them flinched. Some of them must have been born with your temperament; if they could do that great duty for duty's SAKE, why not you? Don't you know that you could go out and gather together a thousand clerks and mechanics and put them on that deck and ask them to die for duty's sake, and not two dozen of them would stay in the ranks to the end?

Y.M. Yes, I know that.

O.M. But you TRAIN them, and put them through a campaign or two; then they would be soldiers; soldiers, with a soldier's pride, a soldier's self-respect, a soldier's ideals. They would have to content a SOLDIER'S spirit then, not a clerk's, not a mechanic's. They could not content that spirit by shirking a soldier's duty, could they?

Y.M. I suppose not.

O.M. Then they would do the duty not for the DUTY'S sake, but for their OWN sake—primarily. The DUTY was JUST THE SAME, and just as imperative, when they were clerks, mechanics, raw recruits, but they wouldn't perform it for that. As clerks and mechanics they had other ideals, another spirit to satisfy, and they satisfied it. They HAD to; it is the law. TRAINING is potent. Training toward higher and higher, and ever higher ideals is worth any man's thought and labor and diligence.

Y.M. Consider the man who stands by his duty and goes to the stake rather than be recreant to it.

O.M. It is his make and his training. He has to content the spirit that is in him, though it cost him his life. Another man, just as sincerely religious, but of different temperament, will fail of that duty, though recognizing it as a duty, and grieving to be unequal to it: but he must content the spirit that is in him—he cannot help it. He could not perform that duty for duty's SAKE, for that would not content his spirit, and the contenting of his spirit must be looked to FIRST. It takes precedence of all other duties.

Y.M. Take the case of a clergyman of stainless private morals who votes for a thief for public office, on his own party's ticket, and against an honest man on the other ticket.

O.M. He has to content his spirit. He has no public morals; he has no private ones, where his party's prosperity is at stake. He will always be true to his make and training.

IV

Training

Young Man. You keep using that word—training. By it do you particularly mean—

Old Man. Study, instruction, lectures, sermons? That is a part of it—but not a large part. I mean ALL the outside influences. There are a million of them. From the cradle to the grave, during all his waking hours, the human being is under training. In the very first rank of his trainers stands ASSOCIATION. It is his human environment which influences his mind and his feelings, furnishes him his ideals, and sets him on his road and keeps him in it. If he leave that road he will find himself shunned by the people whom he most loves and esteems, and whose approval he most values. He is a chameleon; by the law of his nature he takes the color of his place of resort. The influences about him create his preferences, his aversions, his politics, his tastes, his morals, his religion. He creates none of these things for himself. He THINKS he does, but that is because he has not examined into the matter. You have seen Presbyterians?

Y.M. Many.

O.M. How did they happen to be Presbyterians and not Congregationalists? And why were the Congregationalists not Baptists, and the Baptists Roman Catholics, and the Roman Catholics Buddhists, and the Buddhists Quakers, and the Quakers Episcopalians, and the Episcopalians Millerites and the Millerites Hindus, and the Hindus Atheists, and the Atheists Spiritualists, and the Spiritualists Agnostics, and the Agnostics Methodists, and the Methodists Confucians, and the Confucians Unitarians, and the Unitarians Mohammedans, and the Mohammedans Salvation Warriors, and the Salvation Warriors Zoroastrians, and the Zoroastrians Christian Scientists, and the Christian Scientists Mormons—and so on?

Y.M. You may answer your question yourself.

O.M. That list of sects is not a record of STUDIES, searchings, seekings after light; it mainly (and sarcastically) indicates what ASSOCIATION can do. If you know a man's nationality you can come within a split hair of guessing the complexion of his religion: English—Protestant; American—ditto; Spaniard, Frenchman, Irishman, Italian, South American—Roman Catholic; Russian—Greek Catholic; Turk—Mohammedan; and so on. And when you know the man's religious complexion, you know what sort of religious books he reads when he wants some more light, and what sort of books he avoids, lest by accident he get more light than he wants. In America if you know which party-collar a voter wears, you know what his associations are, and how he came by his politics, and which breed of newspaper he reads to get light, and which breed he diligently avoids, and which breed of mass-meetings he attends in order to broaden his political knowledge, and which breed of mass-meetings he doesn't attend, except to refute its doctrines with brickbats. We are always hearing of people who are around SEEKING AFTER TRUTH. I have never seen a (permanent) specimen. I think he had never lived. But I have seen several entirely sincere people who THOUGHT they were (permanent) Seekers after Truth. They sought diligently, persistently, carefully, cautiously, profoundly, with perfect honesty and nicely adjusted judgment—until they believed that without doubt or question they had found the Truth. THAT WAS THE END OF THE SEARCH. The man spent the rest of his life hunting up shingles wherewith to protect his Truth from the weather. If he was seeking after political Truth he found it in one or another of the hundred political gospels which govern men in the earth; if he was seeking after the Only True Religion he found it in one or another of the three thousand that are on the market. In any case, when he found the Truth HE SOUGHT NO FURTHER; but from that day forth, with his soldering-iron in one hand and his bludgeon in the other he tinkered its leaks and reasoned with objectors. There have been innumerable Temporary Seekers of Truth—have you ever heard of a permanent one? In the very nature of man such a person is impossible. However, to drop back to the text—training: all training is one from or another of OUTSIDE INFLUENCE, and ASSOCIATION is the largest part of it. A man is never anything but what his outside influences have made him. They train him downward or they train him upward—but they TRAIN him; they are at work upon him all the time.

Y.M. Then if he happen by the accidents of life to be evilly placed there is no help for him, according to your notions—he must train downward.

O.M. No help for him? No help for this chameleon? It is a mistake. It is in his chameleonship that his greatest good fortune lies. He has only to change his habitat—his ASSOCIATIONS. But the impulse to do it must come from the OUTSIDE—he cannot originate it himself, with that purpose in view. Sometimes a very small and accidental thing can furnish him the initiatory impulse and start him on a new road, with a new idea. The chance remark of a sweetheart, "I hear that you are a coward," may water a seed that shall sprout and bloom and flourish, and ended in producing a surprising fruitage—in the fields of war. The history of man is full of such accidents. The accident of a broken leg brought a profane and ribald soldier under religious influences and furnished him a new ideal. From that accident sprang the Order of the Jesuits, and it has been shaking thrones, changing policies, and doing other tremendous work for two hundred years—and will go on. The chance reading of a book or of a paragraph in a newspaper can start a man on a new track and make him renounce his old associations and seek new ones that are IN SYMPATHY WITH HIS NEW IDEAL: and the result, for that man, can be an entire change of his way of life.

Y.M. Are you hinting at a scheme of procedure?

O.M. Not a new one—an old one. Old as mankind.

Y.M. What is it?

O.M. Merely the laying of traps for people. Traps baited with INITIATORY IMPULSES TOWARD HIGH IDEALS. It is what the tract-distributor does. It is what the missionary does. It is what governments ought to do.

Y.M. Don't they?

O.M. In one way they do, in another they don't. They separate the smallpox patients from the healthy people, but in dealing with crime they put the healthy into the pest-house along with the sick. That is to say, they put the beginners in with the confirmed criminals. This would be well if man were naturally inclined to good, but he isn't, and so ASSOCIATION makes the beginners worse than they were when they went into captivity. It is putting a very severe punishment upon the comparatively innocent at times. They hang a man—which is a trifling punishment; this breaks the hearts of his family—which is a heavy one. They comfortably jail and feed a wife-beater, and leave his innocent wife and family to starve.

Y.M. Do you believe in the doctrine that man is equipped with an intuitive perception of good and evil?

O.M. Adam hadn't it.

Y.M. But has man acquired it since?

O.M. No. I think he has no intuitions of any kind. He gets ALL his ideas, all his impressions, from the outside. I keep repeating this, in the hope that I may impress it upon you that you will be interested to observe and examine for yourself and see whether it is true or false.

Y.M. Where did you get your own aggravating notions?

O.M. From the OUTSIDE. I did not invent them. They are gathered from a thousand unknown sources. Mainly UNCONSCIOUSLY gathered.

Y.M. Don't you believe that God could make an inherently honest man?

O.M. Yes, I know He could. I also know that He never did make one.

Y.M. A wiser observer than you has recorded the fact that "an honest man's the noblest work of God."

O.M. He didn't record a fact, he recorded a falsity. It is windy, and sounds well, but it is not true. God makes a man with honest and dishonest POSSIBILITIES in him and stops there. The man's ASSOCIATIONS develop the possibilities—the one set or the other. The result is accordingly an honest man or a dishonest one.

Y.M. And the honest one is not entitled to—

O.M. Praise? No. How often must I tell you that? HE is not the architect of his honesty.

Y.M. Now then, I will ask you where there is any sense in training people to lead virtuous lives. What is gained by it?

O.M. The man himself gets large advantages out of it, and that is the main thing—to HIM. He is not a peril to his neighbors, he is not a damage to them—and so THEY get an advantage out of his virtues. That is the main thing to THEM. It can make this life comparatively comfortable to the parties concerned; the NEGLECT of this training can make this life a constant peril and distress to the parties concerned.

Y.M. You have said that training is everything; that training is the man HIMSELF, for it makes him what he is.

O.M. I said training and ANOTHER thing. Let that other thing pass, for the moment. What were you going to say?

Y.M. We have an old servant. She has been with us twenty-two years. Her service used to be faultless, but now she has become very forgetful. We are all fond of her; we all recognize that she cannot help the infirmity which age has brought her; the rest of the family do not scold her for her remissnesses, but at times I do—I can't seem to control myself. Don't I try? I do try. Now, then, when I was ready to dress, this morning, no clean clothes had been put out. I lost my temper; I lose it easiest and quickest in the early morning. I rang; and immediately began to warn myself not to show temper, and to be careful and speak gently. I safe-guarded myself most carefully. I even chose the very word I would use: "You've forgotten the clean clothes, Jane." When she appeared in the door I opened my mouth to say that phrase — and out of it, moved by an instant surge of passion which I was not expecting and hadn't time to put under control, came the hot rebuke, "You?e forgotten them again!" You say a man always does the thing which will best please his Interior Master. Whence came the impulse to make careful preparation to save the girl the humiliation of a rebuke? Did that come from the Master, who is always primarily concerned about HIMSELF?

O.M. Unquestionably. There is no other source for any impulse. SECONDARILY you made preparation to save the girl, but PRIMARILY its object was to save yourself, by contenting the Master.

Y.M. How do you mean?

O.M. Has any member of the family ever implored you to watch your temper and not fly out at the girl?

Y.M. Yes. My mother.

O.M. You love her?

Y.M. Oh, more than that!

O.M. You would always do anything in your power to please

her?

Y.M. It is a delight to me to do anything to please her!

O.M. Why? YOU WOULD DO IT FOR PAY, SOLELY—for PROFIT. What profit would you expect and certainly receive from the investment?

Y.M. Personally? None. To please HER is enough.

O.M. It appears, then, that your object, primarily, WASN? to save the girl a humiliation, but to PLEASE YOUR MOTHER. It also appears that to please your mother gives YOU a strong pleasure. Is not that the profit which you get out of the investment? Isn't that the REAL profits and FIRST profit?

Y.M. Oh, well? Go on.

O.M. In ALL transactions, the Interior Master looks to it that YOU GET THE FIRST PROFIT. Otherwise there is no transaction.

Y.M. Well, then, if I was so anxious to get that profit and so intent upon it, why did I threw it away by losing my temper?

O.M. In order to get ANOTHER profit which suddenly superseded it in value.

Y.M. Where was it?

O.M. Ambushed behind your born temperament, and waiting for a chance. Your native warm temper suddenly jumped to the front, and FOR THE MOMENT its influence was more powerful than your mother's, and abolished it. In that instance you were eager to flash out a hot rebuke and enjoy it. You did enjoy it, didn't you?

Y.M. For—for a quarter of a second. Yes—I did.

O.M. Very well, it is as I have said: the thing which will give you the MOST pleasure, the most satisfaction, in any moment or FRACTION of a moment, is the thing you will always do. You must content the Master's LATEST whim, whatever it may be.

Y.M. But when the tears came into the old servant's eyes I could have cut my hand off for what I had done.

O.M. Right. You had humiliated YOURSELF, you see, you had given yourself PAIN. Nothing is of FIRST importance to a man except results which damage HIM or profit him—all the rest is SECONDARY. Your Master was displeased with you, although you had obeyed him. He required a prompt REPENTANCE; you obeyed again; you HAD to—there is never any escape from his commands. He is a hard master and fickle; he changes his mind in the fraction of a second, but you must be ready to obey, and you will obey, ALWAYS. If he requires repentance, you content him, you will always furnish it. He must be nursed, petted, coddled, and kept contented, let the terms be what they may.

Y.M. Training! Oh, what's the use of it? Didn't I, and didn't my mother try to train me up to where I would no longer fly out at that girl?

O.M. Have you never managed to keep back a scolding?

Y.M. Oh, certainly—many times.

O.M. More times this year than last?

Y.M. Yes, a good many more.

O.M. More times last year than the year before?

Y.M. Yes.

O.M. There is a large improvement, then, in the two years?

Y.M. Yes, undoubtedly.

O.M. Then your question is answered. You see there IS use in training. Keep on. Keeping faithfully on. You are doing well.

Y.M. Will my reform reach perfection?

O.M. It will. UP to YOUR limit.

Y.M. My limit? What do you mean by that?

O.M. You remember that you said that I said training was EVERYTHING. I corrected you, and said "training and ANOTHER thing." That other thing is TEMPERAMENT—that is, the disposition you were born with. YOU CAN'T ERADICATE YOUR DISPOSITION NOR ANY RAG OF IT—you can only put a pressure on it and keep it down and quiet. You have a warm temper?

Y.M. Yes.

O.M. You will never get rid of it; but by watching it you can keep it down nearly all the time. ITS PRESENCE IS YOUR LIMIT. Your reform will never quite reach perfection, for your temper will beat you now and then, but you come near enough. You have made valuable progress and can make more. There IS use in training. Immense use. Presently you will reach a new stage of development, then your progress will be easier; will proceed on a simpler basis, anyway.

Y.M. Explain.

O.M. You keep back your scoldings now, to please YOURSELF by pleasing your MOTHER; presently the mere triumphing over your temper will delight your vanity and confer a more delicious pleasure and satisfaction upon you than even the approbation of your MOTHER confers upon you now. You will then labor for yourself directly and at FIRST HAND, not by the roundabout way through your mother. It simplifies the matter, and it also strengthens the impulse.

Y.M. Ah, dear! But I sha'n't ever reach the point where I will spare the girl for HER sake PRIMARILY, not mine?

O.M. Why—yes. In heaven.

Y.M. (AFTER A REFLECTIVE PAUSE) Temperament. Well, I see one must allow for temperament. It is a large factor, sure enough. My mother is thoughtful, and not hot-tempered. When I was dressed I went to her room; she was not there; I called, she answered from the bathroom. I heard the water running. I inquired. She answered, without temper, that Jane had forgotten her bath, and she was preparing it herself. I offered to ring, but she said, "No, don't do that; it would only distress her to be confronted with her lapse, and would be a rebuke; she doesn't deserve that—she is not to blame for the tricks her memory serves her." I say—has my mother an Interior Master?—and where was he?

O.M. He was there. There, and looking out for his own peace

and pleasure and contentment. The girl's distress would have pained YOUR MOTHER. Otherwise the girl would have been rung up, distress and all. I know women who would have gotten a No. 1 PLEASURE out of ringing Jane up—and so they would infallibly have pushed the button and obeyed the law of their make and training, which are the servants of their Interior Masters. It is quite likely that a part of your mother's forbearance came from training. The GOOD kind of training—whose best and highest function is to see to it that every time it confers a satisfaction upon its pupil a benefit shall fall at second hand upon others.

Y.M. If you were going to condense into an admonition your plan for the general betterment of the race's condition, how would you word it?

Admonition

O.M. Diligently train your ideals UPWARD and STILL UPWARD toward a summit where you will find your chiefest pleasure in conduct which, while contenting you, will be sure to confer benefits upon your neighbor and the community.

Y.M. Is that a new gospel?

O.M. No.

Y.M. It has been taught before?

O.M. For ten thousand years.

Y.M. By whom?

O.M. All the great religions—all the great gospels.

Y.M. Then there is nothing new about it?

O.M. Oh yes, there is. It is candidly stated, this time. That has not been done before.

Y.M. How do you mean?

O.M. Haven't I put YOU FIRST, and your neighbor and the community AFTERWARD?

Y.M. Well, yes, that is a difference, it is true.

O.M. The difference between straight speaking and crooked; the difference between frankness and shuffling.

Y.M. Explain.

O.M. The others offer your a hundred bribes to be good, thus conceding that the Master inside of you must be conciliated and contented first, and that you will do nothing at FIRST HAND but for his sake; then they turn square around and require you to do good for OTHER'S sake CHIEFLY; and to do your duty for duty's SAKE, chiefly; and to do acts of SELF-SACRIFICE. Thus at the outset we all stand upon the same ground—recognition of the supreme and absolute Monarch that resides in man, and we all grovel before him and appeal to him; then those others dodge and shuffle, and face around and unfrankly and inconsistently and illogically change the form of their appeal and direct its persuasions to man's SECOND-PLACE powers and to powers which have NO EXISTENCE in him, thus advancing them to FIRST place; whereas in my Admonition I stick logically and consistently to the original position: I place the Interior Master's requirements FIRST, and keep them there.

Y.M. If we grant, for the sake of argument, that your scheme and the other schemes aim at and produce the same result—RIGHT LIVING—has yours an advantage over the others?

O.M. One, yes—a large one. It has no concealments, no deceptions. When a man leads a right and valuable life under it he is not deceived as to the REAL chief motive which impels him to it—in those other cases he is.

Y.M. Is that an advantage? Is it an advantage to live a lofty life for a mean reason? In the other cases he lives the lofty life under the IMPRESSION that he is living for a lofty reason. Is not that an advantage?

O.M. Perhaps so. The same advantage he might get out of thinking himself a duke, and living a duke's life and parading in ducal fuss and feathers, when he wasn't a duke at all, and could find it out if he would only examine the herald's records.

Y.M. But anyway, he is obliged to do a duke's part; he puts his hand in his pocket and does his benevolences on as big a scale as he can stand, and that benefits the community.

O.M. He could do that without being a duke.

Y.M. But would he?

O.M. Don't you see where you are arriving?

Y.M. Where?

O.M. At the standpoint of the other schemes: That it is good morals to let an ignorant duke do showy benevolences for his pride's sake, a pretty low motive, and go on doing them unwarned, lest if he were made acquainted with the actual motive which prompted them he might shut up his purse and cease to be good?

Y.M. But isn't it best to leave him in ignorance, as long as he THINKS he is doing good for others' sake?

O.M. Perhaps so. It is the position of the other schemes. They think humbug is good enough morals when the dividend on it is good deeds and handsome conduct.

Y.M. It is my opinion that under your scheme of a man's doing a good deed for his OWN sake first-off, instead of first for the GOOD DEED'S sake, no man would ever do one.

O.M. Have you committed a benevolence lately?

Y.M. Yes. This morning.

O.M. Give the particulars.

Y.M. The cabin of the old negro woman who used to nurse me when I was a child and who saved my life once at the risk of her own, was burned last night, and she came mourning this morning, and pleading for money to build another one.

O.M. You furnished it?

Y.M. Certainly.

O.M. You were glad you had the money?

Y.M. Money? I hadn't. I sold my horse.

O.M. You were glad you had the horse?

Y.M. Of course I was; for if I hadn't had the horse I should have been incapable, and my MOTHER would have captured the chance to set old Sally up.

O.M. You were cordially glad you were not caught out and incapable?

Y.M. Oh, I just was!

O.M. Now, then—

Y.M. Stop where you are! I know your whole catalog of questions, and I could answer every one of them without your wasting the time to ask them; but I will summarize the whole thing in a single remark: I did the charity knowing it was because the act would give ME a splendid pleasure, and because old Sally's moving gratitude and delight would give ME another one; and because the reflection that she would be happy now and out of her trouble would fill ME full of happiness. I did the whole thing with my eyes open and recognizing and realizing that I was looking out for MY share of the profits FIRST. Now then, I have confessed. Go on.

O.M. I haven't anything to offer; you have covered the whole ground. Can you have been any MORE strongly moved to help Sally out of her trouble—could you have done the deed any more eagerly—if you had been under the delusion that you were doing it for HER sake and profit only?

Y.M. No! Nothing in the world could have made the impulse which moved me more powerful, more masterful, more thoroughly irresistible. I played the limit!

O.M. Very well. You begin to suspect—and I claim to KNOW—that when a man is a shade MORE STRONGLY MOVED to do ONE of two things or of two dozen things than he is to do any one of the OTHERS, he will infallibly do that ONE thing, be it good or be it evil; and if it be good, not all the beguilements of all the casuistries can increase the strength of the impulse by a single shade or add a shade to the comfort and contentment he will get out of the act.

Y.M. Then you believe that such tendency toward doing good as is in men's hearts would not be diminished by the removal of the delusion that good deeds are done primarily for the sake of No. 2 instead of for the sake of No. 1?

O.M. That is what I fully believe.

Y.M. Doesn't it somehow seem to take from the dignity of the deed?

O.M. If there is dignity in falsity, it does. It removes that.

Y.M. What is left for the moralists to do?

O.M. Teach unreservedly what he already teaches with one side of his mouth and takes back with the other: Do right FOR YOUR OWN SAKE, and be happy in knowing that your NEIGHBOR will certainly share in the benefits resulting.

Y.M. Repeat your Admonition.

O.M. DILIGENTLY TRAIN YOUR IDEALS UPWARD AND STILL UPWARD TOWARD A SUMMIT WHERE YOU WILL FIND YOUR

CHIEFEST PLEASURE IN CONDUCT WHICH, WHILE
CONTENTING YOU, WILL BE SURE TO CONFER BENEFITS
UPON YOUR NEIGHBOR AND THE COMMUNITY.

Y.M. One's EVERY act proceeds from EXTERIOR INFLUENCES,
you think?

O.M. Yes.

Y.M. If I conclude to rob a person, I am not the ORIGINATOR
of the idea, but it comes in from the OUTSIDE? I see him
handling money—for instance—and THAT moves me to the
crime?

O.M. That, by itself? Oh, certainly not. It is merely the LATEST
outside influence of a procession of preparatory influences
stretching back over a period of years. No SINGLE outside
influence can make a man do a thing which is at war with his
training. The most it can do is to start his mind on a new tract
and open it to the reception of NEW influences—as in the case
of Ignatius Loyola. In time these influences can train him to a
point where it will be consonant with his new character to yield
to the FINAL influence and do that thing. I will put the case in a
form which will make my theory clear to you, I think. Here are
two ingots of virgin gold. They shall represent a couple of
characters which have been refined and perfected in the virtues
by years of diligent right training. Suppose you wanted to break
down these strong and well-compacted characters—what
influence would you bring to bear upon the ingots?

Y.M. Work it out yourself. Proceed.

O.M. Suppose I turn upon one of them a steam-jet during a long succession of hours. Will there be a result?

Y.M. None that I know of.

O.M. Why?

Y.M. A steam-jet cannot break down such a substance.

O.M. Very well. The steam is an OUTSIDE INFLUENCE, but it is ineffective because the gold TAKES NO INTEREST IN IT. The ingot remains as it was. Suppose we add to the steam some quicksilver in a vaporized condition, and turn the jet upon the ingot, will there be an instantaneous result?

Y.M. No.

O.M. The QUICKSILVER is an outside influence which gold (by its peculiar nature—say TEMPERAMENT, DISPOSITION) CANNOT BE INDIFFERENT TO. It stirs up the interest of the gold, although we do not perceive it; but a SINGLE application of the influence works no damage. Let us continue the application in a steady stream, and call each minute a year. By the end of ten or twenty minutes—ten or twenty years—the little ingot is sodden with quicksilver, its virtues are gone, its character is degraded. At last it is ready to yield to a temptation which it would have taken no notice of, ten or twenty years ago. We will apply that temptation in the form of a pressure of my finger. You note the result?

Y.M. Yes; the ingot has crumbled to sand. I understand, now. It is not the SINGLE outside influence that does the work, but only the LAST one of a long and disintegrating accumulation of them. I see, now, how my SINGLE impulse to rob the man is not the one that makes me do it, but only the LAST one of a preparatory series. You might illustrate with a parable.

A Parable

O.M. I will. There was once a pair of New England boys—twins. They were alike in good dispositions, feckless morals, and personal appearance. They were the models of the Sunday-school. At fifteen George had the opportunity to go as cabin-boy in a whale-ship, and sailed away for the Pacific. Henry remained at home in the village. At eighteen George was a sailor before the mast, and Henry was teacher of the advanced Bible class. At twenty-two George, through fighting-habits and drinking-habits acquired at sea and in the sailor boarding-houses of the European and Oriental ports, was a common rough in Hong-Kong, and out of a job; and Henry was superintendent of the Sunday-school. At twenty-six George was a wanderer, a tramp, and Henry was pastor of the village church. Then George came home, and was Henry's guest. One evening a man passed by and turned down the lane, and Henry said, with a pathetic smile, "Without intending me a discomfort, that man is always keeping me reminded of my pinching poverty, for he carries heaps of money about him, and goes by here every evening of his life."

That OUTSIDE INFLUENCE—that remark—was enough for George, but IT was not the one that made him ambush the man and rob him, it merely represented the eleven years' accumulation of such influences, and gave birth to the act for which their long gestation had made preparation. It had never entered the head of Henry to rob the man—his ingot had been subjected to clean steam only; but Georges' had been subjected to vaporized quicksilver.

V

More About the Machine

Note.—When Mrs. W. asks how can a millionaire give a single dollar to colleges and museums while one human being is destitute of bread, she has answered her question herself. Her feeling for the poor shows that she has a standard of benevolence; there she has conceded the millionaire's privilege of having a standard; since she evidently requires him to adopt her standard, she is by that act requiring herself to adopt his. The human being always looks down when he is examining another person's standard; he never find one that he has to examine by looking up.

The Man-Machine Again

Young Man. You really think man is a mere machine?

Old Man. I do.

Y.M. And that his mind works automatically and is independent of his control—carries on thought on its own hook?

O.M. Yes. It is diligently at work, unceasingly at work, during every waking moment. Have you never tossed about all night, imploring, beseeching, commanding your mind to stop work and let you go to sleep?—you who perhaps imagine that your mind is your servant and must obey your orders, think what you tell it to think, and stop when you tell it to stop. When it chooses to work, there is no way to keep it still for an instant. The brightest man would not be able to supply it with subjects if he had to hunt them up. If it needed the man's help it would wait for him to give it work when he wakes in the morning.

Y.M. Maybe it does.

O.M. No, it begins right away, before the man gets wide enough awake to give it a suggestion. He may go to sleep saying, "The moment I wake I will think upon such and such a subject," but he will fail. His mind will be too quick for him; by the time he has become nearly enough awake to be half conscious, he will find that it is already at work upon another subject. Make the experiment and see.

Y.M. At any rate, he can make it stick to a subject if he wants to.

O.M. Not if it find another that suits it better. As a rule it will listen to neither a dull speaker nor a bright one. It refuses all persuasion. The dull speaker wearies it and sends it far away in idle dreams; the bright speaker throws out stimulating ideas which it goes chasing after and is at once unconscious of him and his talk. You cannot keep your mind from wandering, if it wants to; it is master, not you.

After an Interval of Days

O.M. Now, dreams—but we will examine that later. Meantime, did you try commanding your mind to wait for orders from you, and not do any thinking on its own hook?

Y.M. Yes, I commanded it to stand ready to take orders when I should wake in the morning.

O.M. Did it obey?

Y.M. No. It went to thinking of something of its own initiation, without waiting for me. Also—as you suggested—at night I appointed a theme for it to begin on in the morning, and commanded it to begin on that one and no other.

O.M. Did it obey?

Y.M. No.

O.M. How many times did you try the experiment?

Y.M. Ten.

O.M. How many successes did you score?

Y.M. Not one.

O.M. It is as I have said: the mind is independent of the man. He has no control over it; it does as it pleases. It will take up a subject in spite of him; it will stick to it in spite of him; it will throw it aside in spite of him. It is entirely independent of him.

Y.M. Go on. Illustrate.

O.M. Do you know chess?

Y.M. I learned it a week ago.

O.M. Did your mind go on playing the game all night that first night?

Y.M. Don't mention it!

O.M. It was eagerly, unsatisfiably interested; it rioted in the combinations; you implored it to drop the game and let you get some sleep?

Y.M. Yes. It wouldn't listen; it played right along. It wore me out and I got up haggard and wretched in the morning.

O.M. At some time or other you have been captivated by a ridiculous rhyme-jingle?

Y.M. Indeed, yes!

"I saw Esau kissing Kate, And she saw I saw Esau; I saw Esau, he saw Kate, And she saw—"

And so on. My mind went mad with joy over it. It repeated it all day and all night for a week in spite of all I could do to stop it, and it seemed to me that I must surely go crazy.

O.M. And the new popular song?

Y.M. Oh yes! "In the Swee-eet By and By"; etc. Yes, the new popular song with the taking melody sings through one's head day and night, asleep and awake, till one is a wreck. There is no getting the mind to let it alone.

O.M. Yes, asleep as well as awake. The mind is quite

independent. It is master. You have nothing to do with it. It is so apart from you that it can conduct its affairs, sing its songs, play its chess, weave its complex and ingeniously constructed dreams, while you sleep. It has no use for your help, no use for your guidance, and never uses either, whether you be asleep or awake. You have imagined that you could originate a thought in your mind, and you have sincerely believed you could do it.

Y.M. Yes, I have had that idea.

O.M. Yet you can't originate a dream-thought for it to work out, and get it accepted?

Y.M. No.

O.M. And you can't dictate its procedure after it has originated a dream-thought for itself?

Y.M. No. No one can do it. Do you think the waking mind and the dream mind are the same machine?

O.M. There is argument for it. We have wild and fantastic day-thoughts? Things that are dream-like?

Y.M. Yes—like Mr. Wells's man who invented a drug that made him invisible; and like the Arabian tales of the Thousand Nights.

O.M. And there are dreams that are rational, simple, consistent, and unfantastic?

Y.M. Yes. I have dreams that are like that. Dreams that are just like real life; dreams in which there are several persons with distinctly differentiated characters—inventions of my mind and yet strangers to me: a vulgar person; a refined one; a wise person; a fool; a cruel person; a kind and compassionate one; a quarrelsome person; a peacemaker; old persons and young; beautiful girls and homely ones. They talk in character, each preserves his own characteristics. There are vivid fights, vivid and biting insults, vivid love-passages; there are tragedies and comedies, there are griefs that go to one's heart, there are sayings and doings that make you laugh: indeed, the whole thing is exactly like real life.

O.M. Your dreaming mind originates the scheme, consistently and artistically develops it, and carries the little drama creditably through—all without help or suggestion from you?

Y.M. Yes.

O.M. It is argument that it could do the like awake without help or suggestion from you—and I think it does. It is argument that it is the same old mind in both cases, and never needs your help. I think the mind is purely a machine, a thoroughly independent machine, an automatic machine. Have you tried the other experiment which I suggested to you?

Y.M. Which one?

O.M. The one which was to determine how much influence you have over your mind—if any.

Y.M. Yes, and got more or less entertainment out of it. I did as you ordered: I placed two texts before my eyes—one a dull one and barren of interest, the other one full of interest, inflamed with it, white-hot with it. I commanded my mind to busy itself solely with the dull one.

O.M. Did it obey?

Y.M. Well, no, it didn't. It busied itself with the other one.

O.M. Did you try hard to make it obey?

Y.M. Yes, I did my honest best.

O.M. What was the text which it refused to be interested in or think about?

Y.M. It was this question: If A owes B a dollar and a half, and B owes C two and three-quarter, and C owes A thirty-five cents, and D and A together owe E and B three-sixteenths of—of—I don't remember the rest, now, but anyway it was wholly uninteresting, and I could not force my mind to stick to it even half a minute at a time; it kept flying off to the other text.

O.M. What was the other text?

Y.M. It is no matter about that.

O.M. But what was it?

Y.M. A photograph.

O.M. Your own?

Y.M. No. It was hers.

O.M. You really made an honest good test. Did you make a second trial?

Y.M. Yes. I commanded my mind to interest itself in the morning paper's report of the pork-market, and at the same time I reminded it of an experience of mine of sixteen years ago. It refused to consider the pork and gave its whole blazing interest to that ancient incident.

O.M. What was the incident?

Y.M. An armed desperado slapped my face in the presence of twenty spectators. It makes me wild and murderous every time I think of it.

O.M. Good tests, both; very good tests. Did you try my other suggestion?

Y.M. The one which was to prove to me that if I would leave my mind to its own devices it would find things to think about without any of my help, and thus convince me that it was a machine, an automatic machine, set in motion by exterior influences, and as independent of me as it could be if it were in some one else's skull. Is that the one?

O.M. Yes.

Y.M. I tried it. I was shaving. I had slept well, and my mind was very lively, even gay and frisky. It was reveling in a fantastic and joyful episode of my remote boyhood which had suddenly flashed up in my memory—moved to this by the spectacle of a yellow cat picking its way carefully along the top of the garden wall. The color of this cat brought the bygone cat before me, and I saw her walking along the side-step of the pulpit; saw her walk on to a large sheet of sticky fly-paper and get all her feet involved; saw her struggle and fall down, helpless and dissatisfied, more and more urgent, more and more unreconciled, more and more mutely profane; saw the silent congregation quivering like jelly, and the tears running down their faces. I saw it all. The sight of the tears whisked my mind to a far distant and a sadder scene—in Terra del Fuego—and with Darwin's eyes I saw a naked great savage hurl his little boy against the rocks for a trifling fault; saw the poor mother gather up her dying child and hug it to her breast and weep, uttering no word. Did my mind stop to mourn with that nude black sister of mine? No—it was far away from that scene in an instant, and was busying itself with an ever-recurring and disagreeable dream of mine. In this dream I always find myself, stripped to my shirt, cringing and dodging about in the midst of a great drawing-room throng of finely dressed ladies and gentlemen, and wondering how I got there. And so on and so on, picture after picture, incident after incident, a drifting panorama of ever-changing, ever-dissolving views manufactured by my mind without any help from me—why, it would take me two hours to merely name the multitude of things my mind tallied off and photographed in fifteen minutes, let alone describe them to you.

O.M. A man's mind, left free, has no use for his help. But there is one way whereby he can get its help when he desires it.

Y.M. What is that way?

O.M. When your mind is racing along from subject to subject and strikes an inspiring one, open your mouth and begin talking upon that matter—or—take your pen and use that. It will interest your mind and concentrate it, and it will pursue the subject with satisfaction. It will take full charge, and furnish the words itself.

Y.M. But don't I tell it what to say?

O.M. There are certainly occasions when you haven't time. The words leap out before you know what is coming.

Y.M. For instance?

O.M. Well, take a "flash of wit"—repartee. Flash is the right word. It is out instantly. There is no time to arrange the words. There is no thinking, no reflecting. Where there is a wit-mechanism it is automatic in its action and needs no help. Where the wit-mechanism is lacking, no amount of study and reflection can manufacture the product.

Y.M. You really think a man originates nothing, creates nothing.

The Thinking-Process

O.M. I do. Men perceive, and their brain-machines automatically combine the things perceived. That is all.

Y.M. The steam-engine?

O.M. It takes fifty men a hundred years to invent it. One meaning of invent is discover. I use the word in that sense. Little by little they discover and apply the multitude of details that go to make the perfect engine. Watt noticed that confined steam was strong enough to lift the lid of the teapot. He didn't create the idea, he merely discovered the fact; the cat had noticed it a hundred times. From the teapot he evolved the cylinder—from the displaced lid he evolved the piston-rod. To attach something to the piston-rod to be moved by it, was a simple matter—crank and wheel. And so there was a working engine.[1]

One by one, improvements were discovered by men who used their eyes, not their creating powers—for they hadn't any—and now, after a hundred years the patient contributions of fifty or a hundred observers stand compacted in the wonderful machine which drives the ocean liner.

Y.M. A Shakespearean play?

O.M. The process is the same. The first actor was a savage. He reproduced in his theatrical war-dances, scalp-dances, and so on, incidents which he had seen in real life. A more advanced civilization produced more incidents, more episodes; the actor and the story-teller borrowed them. And so the drama grew, little by little, stage by stage. It is made up of the facts of life, not creations. It took centuries to develop the Greek drama. It borrowed from preceding ages; it lent to the ages that came after. Men observe and combine, that is all. So does a rat.

Y.M. How?

O.M. He observes a smell, he infers a cheese, he seeks and finds. The astronomer observes this and that; adds his this and that to the this-and-thats of a hundred predecessors, infers an invisible planet, seeks it and finds it. The rat gets into a trap; gets

---

1. The Marquess of Worcester had done all of this more than a century earlier.

out with trouble; infers that cheese in traps lacks value, and meddles with that trap no more. The astronomer is very proud of his achievement, the rat is proud of his. Yet both are machines; they have done machine work, they have originated nothing, they have no right to be vain; the whole credit belongs to their Maker. They are entitled to no honors, no praises, no monuments when they die, no remembrance. One is a complex and elaborate machine, the other a simple and limited machine, but they are alike in principle, function, and process, and neither of them works otherwise than automatically, and neither of them may righteously claim a PERSONAL superiority or a personal dignity above the other.

Y.M. In earned personal dignity, then, and in personal merit for what he does, it follows of necessity that he is on the same level as a rat?

O.M. His brother the rat; yes, that is how it seems to me. Neither of them being entitled to any personal merit for what he does, it follows of necessity that neither of them has a right to arrogate to himself (personally created) superiorities over his brother.

Y.M. Are you determined to go on believing in these insanities? Would you go on believing in them in the face of able arguments backed by collated facts and instances?

O.M. I have been a humble, earnest, and sincere Truth-Seeker.

Y.M. Very well?

O.M. The humble, earnest, and sincere Truth-Seeker is always convertible by such means.

Y.M. I am thankful to God to hear you say this, for now I know that your conversion—

O.M. Wait. You misunderstand. I said I have BEEN a Truth-Seeker.

Y.M. Well?

O.M. I am not that now. Have your forgotten? I told you that there are none but temporary Truth-Seekers; that a permanent one is a human impossibility; that as soon as the Seeker finds what he is thoroughly convinced is the Truth, he seeks no further, but gives the rest of his days to hunting junk to patch it and caulk it and prop it with, and make it weather-proof and keep it from caving in on him. Hence the Presbyterian remains a Presbyterian, the Mohammedan a Mohammedan, the Spiritualist a Spiritualist, the Democrat a Democrat, the Republican a Republican, the Monarchist a Monarchist; and if a humble, earnest, and sincere Seeker after Truth should find it in the proposition that the moon is made of green cheese nothing could ever budge him from that position; for he is nothing but an automatic machine, and must obey the laws of his construction.

Y.M. After so—

O.M. Having found the Truth; perceiving that beyond question man has but one moving impulse—the contenting of his own spirit—and is merely a machine and entitled to no personal merit for anything he does, it is not humanly possible for me to seek further. The rest of my days will be spent in patching and painting and puttying and caulking my priceless possession and in looking the other way when an imploring argument or a damaging fact approaches.

VI

Instinct and Thought

Young Man. It is odious. Those drunken theories of yours, advanced a while ago—concerning the rat and all that—strip Man bare of all his dignities, grandeurs, sublimities.

Old Man. He hasn't any to strip—they are shams, stolen clothes. He claims credits which belong solely to his Maker.

Y.M. But you have no right to put him on a level with a rat.

O.M. I don't—morally. That would not be fair to the rat. The rat is well above him, there.

Y.M. Are you joking?

O.M. No, I am not.

Y.M. Then what do you mean?

O.M. That comes under the head of the Moral Sense. It is a large question. Let us finish with what we are about now, before we take it up.

Y.M. Very well. You have seemed to concede that you place Man and the rat on A level. What is it? The intellectual?

O.M. In form—not a degree.

Y.M. Explain.

O.M. I think that the rat's mind and the man's mind are the same machine, but of unequal capacities—like yours and Edison's; like the African pygmy's and Homer's; like the Bushman's and Bismarck's.

Y.M. How are you going to make that out, when the lower animals have no mental quality but instinct, while man possesses reason?

O.M. What is instinct?

Y.M. It is merely unthinking and mechanical exercise of inherited habit.

O.M. What originated the habit?

Y.M. The first animal started it, its descendants have inherited it.

O.M. How did the first one come to start it?

Y.M. I don't know; but it didn't THINK it out.

O.M. How do you know it didn't?

Y.M. Well—I have a right to suppose it didn't, anyway.

O.M. I don't believe you have. What is thought?

Y.M. I know what you call it: the mechanical and automatic putting together of impressions received from outside, and drawing an inference from them.

O.M. Very good. Now my idea of the meaningless term "instinct" is, that it is merely PETRIFIED THOUGHT; solidified and made inanimate by habit; thought which was once alive and awake, but it become unconscious—walks in its sleep, so to speak.

Y.M. Illustrate it.

O.M. Take a herd of cows, feeding in a pasture. Their heads are all turned in one direction. They do that instinctively; they gain nothing by it, they have no reason for it, they don't know why they do it. It is an inherited habit which was originally thought— that is to say, observation of an exterior fact, and a valuable inference drawn from that observation and confirmed by experience. The original wild ox noticed that with the wind in his favor he could smell his enemy in time to escape; then he inferred that it was worth while to keep his nose to the wind. That is the process which man calls reasoning. Man's thought-machine works just like the other animals', but it is a better one and more Edisonian. Man, in the ox's place, would go further, reason wider: he would face part of the herd the other way and protect both front and rear.

Y.M. Did you stay the term instinct is meaningless?

O.M. I think it is a bastard word. I think it confuses us; for as a rule it applies itself to habits and impulses which had a far-off origin in thought, and now and then breaks the rule and applies itself to habits which can hardly claim a thought-origin.

Y.M. Give an instance.

O.M. Well, in putting on trousers a man always inserts the same old leg first—never the other one. There is no advantage in that, and no sense in it. All men do it, yet no man thought it out and adopted it of set purpose, I imagine. But it is a habit which is transmitted, no doubt, and will continue to be transmitted.

Y.M. Can you prove that the habit exists?

O.M. You can prove it, if you doubt. If you will take a man to a clothing-store and watch him try on a dozen pairs of trousers, you will see.

Y.M. The cow illustration is not—

O.M. Sufficient to show that a dumb animal's mental machine is just the same as a man's and its reasoning processes the same? I will illustrate further. If you should hand Mr. Edison a box which you caused to fly open by some concealed device he would infer a spring, and would hunt for it and find it. Now an uncle of mine had an old horse who used to get into the closed lot where the corn-crib was and dishonestly take the corn. I got the punishment myself, as it was supposed that I had heedlessly failed to insert the wooden pin which kept the gate closed. These persistent punishments fatigued me; they also caused me to infer the existence of a culprit, somewhere; so I hid myself and watched the gate. Presently the horse came and pulled the pin out with his teeth and went in. Nobody taught him that; he had observed—then thought it out for himself. His process did not differ from Edison's; he put this and that together and drew an inference—and the peg, too; but I made him sweat for it.

Y.M. It has something of the seeming of thought about it. Still it is not very elaborate. Enlarge.

O.M. Suppose Mr. Edison has been enjoying some one's hospitalities. He comes again by and by, and the house is vacant. He infers that his host has moved. A while afterward, in another town, he sees the man enter a house; he infers that that is the new home, and follows to inquire. Here, now, is the experience of a gull, as related by a naturalist. The scene is a Scotch fishing village where the gulls were kindly treated. This particular gull visited a cottage; was fed; came next day and was fed again; came into the house, next time, and ate with the family; kept on doing this almost daily, thereafter. But, once the gull was away on a journey for a few days, and when it returned the house was vacant. Its friends had removed to a village three miles distant. Several months later it saw the head of the family on the street there, followed him home, entered the house without excuse or apology, and became a daily guest again. Gulls do not rank high mentally, but this one had memory and the reasoning faculty, you see, and applied them Edisonially.

Y.M. Yet it was not an Edison and couldn't be developed into one.

O.M. Perhaps not. Could you?

Y.M. That is neither here nor there. Go on.

O.M. If Edison were in trouble and a stranger helped him out of it and next day he got into the same difficulty again, he would infer the wise thing to do in case he knew the stranger's address. Here is a case of a bird and a stranger as related by a naturalist. An Englishman saw a bird flying around about his dog's head, down in the grounds, and uttering cries of distress. He went there to see about it. The dog had a young bird in his mouth— unhurt. The gentleman rescued it and put it on a bush and brought the dog away. Early the next morning the mother bird came for the gentleman, who was sitting on his veranda, and by its maneuvers persuaded him to follow it to a distant part of the grounds—flying a little way in front of him and waiting for him to catch up, and so on; and keeping to the winding path, too, instead of flying the near way across lots. The distance covered was four hundred yards. The same dog was the culprit; he had the young bird again, and once more he had to give it up. Now the mother bird had reasoned it all out: since the stranger had helped her once, she inferred that he would do it again; she knew where to find him, and she went upon her errand with confidence. Her mental processes were what Edison's would have been. She put this and that together—and that is all that thought IS—and out of them built her logical arrangement of inferences. Edison couldn't have done it any better himself.

Y.M. Do you believe that many of the dumb animals can think?

O.M. Yes—the elephant, the monkey, the horse, the dog, the parrot, the macaw, the mocking-bird, and many others. The elephant whose mate fell into a pit, and who dumped dirt and rubbish into the pit till bottom was raised high enough to enable the captive to step out, was equipped with the reasoning quality. I conceive that all animals that can learn things through teaching and drilling have to know how to observe, and put this and that together and draw an inference—the process of thinking. Could you teach an idiot of manuals of arms, and to advance, retreat, and go through complex field maneuvers at the word of command?

Y.M. Not if he were a thorough idiot.

O.M. Well, canary-birds can learn all that; dogs and elephants learn all sorts of wonderful things. They must surely be able to notice, and to put things together, and say to themselves, "I get the idea, now: when I do so and so, as per order, I am praised and fed; when I do differently I am punished." Fleas can be taught nearly anything that a Congressman can.

Y.M. Granting, then, that dumb animals are able to think upon a low plane, is there any that can think upon a high one? Is there one that is well up toward man?

O.M. Yes. As a thinker and planner the ant is the equal of any savage race of men; as a self-educated specialist in several arts she is the superior of any savage race of men; and in one or two high mental qualities she is above the reach of any man, savage or civilized!

Y.M. Oh, come! you are abolishing the intellectual frontier which separates man and beast.

O.M. I beg your pardon. One cannot abolish what does not exist.

Y.M. You are not in earnest, I hope. You cannot mean to seriously say there is no such frontier.

O.M. I do say it seriously. The instances of the horse, the gull, the mother bird, and the elephant show that those creatures put their this's and thats together just as Edison would have done it and drew the same inferences that he would have drawn. Their mental machinery was just like his, also its manner of working. Their equipment was as inferior to the Strasburg clock, but that is the only difference—there is no frontier.

Y.M. It looks exasperatingly true; and is distinctly offensive. It elevates the dumb beasts to—to—

O.M. Let us drop that lying phrase, and call them the Unrevealed Creatures; so far as we can know, there is no such thing as a dumb beast.

Y.M. On what grounds do you make that assertion?

O.M. On quite simple ones. "Dumb" beast suggests an animal that has no thought-machinery, no understanding, no speech, no way of communicating what is in its mind. We know that a hen HAS speech. We cannot understand everything she says, but we easily learn two or three of her phrases. We know when she is saying, "I have laid an egg"; we know when she is saying to the chicks, "Run here, dears, I've found a worm"; we know what she is saying when she voices a warning: "Quick! hurry! gather yourselves under mamma, there's a hawk coming!" We understand the cat when she stretches herself out, purring with affection and contentment and lifts up a soft voice and says, "Come, kitties, supper's ready"; we understand her when she goes mourning about and says, "Where can they be? They are lost. Won't you help me hunt for them?" and we understand the disreputable Tom when he challenges at midnight from his shed, "You come over here, you product of immoral commerce, and I'll make your fur fly!" We understand a few of a dog's phrases and we learn to understand a few of the remarks and gestures of any bird or other animal that we domesticate and observe. The clearness and exactness of the few of the hen's speeches which we understand is argument that she can communicate to her kind a hundred things which we cannot comprehend—in a word, that she can converse. And this argument is also applicable in the case of others of the great army of the Unrevealed. It is just like man's vanity and impertinence to call an animal dumb because it is dumb to his dull perceptions. Now as to the ant—

Y.M. Yes, go back to the ant, the creature that—as you seem to think—sweeps away the last vestige of an intellectual frontier between man and the Unrevealed.

O.M. That is what she surely does. In all his history the aboriginal Australian never thought out a house for himself and built it. The ant is an amazing architect. She is a wee little creature, but she builds a strong and enduring house eight feet high—a house which is as large in proportion to her size as is the largest capitol or cathedral in the world compared to man's size. No savage race has produced architects who could approach the air in genius or culture. No civilized race has produced architects who could plan a house better for the uses proposed than can hers. Her house contains a throne-room; nurseries for her young; granaries; apartments for her soldiers, her workers, etc.; and they and the multifarious halls and corridors which communicate with them are arranged and distributed with an educated and experienced eye for convenience and adaptability.

Y.M. That could be mere instinct.

O.M. It would elevate the savage if he had it. But let us look further before we decide. The ant has soldiers—battalions, regiments, armies; and they have their appointed captains and generals, who lead them to battle.

Y.M. That could be instinct, too.

O.M. We will look still further. The ant has a system of government; it is well planned, elaborate, and is well carried on.

Y.M. Instinct again.

O.M. She has crowds of slaves, and is a hard and unjust employer of forced labor.

Y.M. Instinct.

O.M. She has cows, and milks them.

Y.M. Instinct, of course.

O.M. In Texas she lays out a farm twelve feet square, plants it, weeds it, cultivates it, gathers the crop and stores it away.

Y.M. Instinct, all the same.

O.M. The ant discriminates between friend and stranger. Sir John Lubbock took ants from two different nests, made them drunk with whiskey and laid them, unconscious, by one of the nests, near some water. Ants from the nest came and examined and discussed these disgraced creatures, then carried their friends home and threw the strangers overboard. Sir John repeated the experiment a number of times. For a time the sober ants did as they had done at first—carried their friends home and threw the strangers overboard. But finally they lost patience, seeing that their reformatory efforts went for nothing, and threw both friends and strangers overboard. Come—is this instinct, or is it thoughtful and intelligent discussion of a thing new—absolutely new—to their experience; with a verdict arrived at, sentence passed, and judgment executed? Is it instinct?—thought petrified by ages of habit—or isn't it brand-new thought, inspired by the new occasion, the new circumstances?

Y.M. I have to concede it. It was not a result of habit; it has all the look of reflection, thought, putting this and that together, as you phrase it. I believe it was thought.

O.M. I will give you another instance of thought. Franklin had a cup of sugar on a table in his room. The ants got at it. He tried several preventives; and ants rose superior to them. Finally he contrived one which shut off access—probably set the table's legs in pans of water, or drew a circle of tar around the cup, I don't remember. At any rate, he watched to see what they would do. They tried various schemes—failures, every one. The ants were badly puzzled. Finally they held a consultation, discussed the problem, arrived at a decision—and this time they beat that great philosopher. They formed in procession, cross the floor, climbed the wall, marched across the ceiling to a point just over the cup, then one by one they let go and fell down into it! Was that instinct—thought petrified by ages of inherited habit?

Y.M. No, I don't believe it was. I believe it was a newly reasoned scheme to meet a new emergency.

O.M. Very well. You have conceded the reasoning power in two instances. I come now to a mental detail wherein the ant is a long way the superior of any human being. Sir John Lubbock proved by many experiments that an ant knows a stranger ant of her own species in a moment, even when the stranger is disguised—with paint. Also he proved that an ant knows every individual in her hive of five hundred thousand souls. Also, after a year's absence one of the five hundred thousand she will straightway recognize the returned absentee and grace the recognition with a affectionate welcome. How are these recognitions made? Not by color, for painted ants were recognized. Not by smell, for ants that had been dipped in chloroform were recognized. Not by speech and not by antennae signs nor contacts, for the drunken and motionless ants were recognized and the friend discriminated from the stranger. The ants were all of the same species, therefore the friends had to be recognized by form and feature—friends who formed part of a hive of five hundred thousand! Has any man a memory for form and feature approaching that?

Y.M. Certainly not.

O.M. Franklin's ants and Lubbuck's ants show fine capacities of putting this and that together in new and untried emergencies and deducting smart conclusions from the combinations—a man's mental process exactly. With memory to help, man preserves his observations and reasonings, reflects upon them, adds to them, recombines, and so proceeds, stage by stage, to far results—from the teakettle to the ocean greyhound's complex engine; from personal labor to slave labor; from wigwam to palace; from the capricious chase to agriculture and stored food; from nomadic life to stable government and concentrated authority; from incoherent hordes to massed armies. The ant has observation, the reasoning faculty, and the preserving adjunct of a prodigious memory; she has duplicated man's development and the essential features of his civilization, and you call it all instinct!

Y.M. Perhaps I lacked the reasoning faculty myself.

O.M. Well, don't tell anybody, and don't do it again.

Y.M. We have come a good way. As a result—as I understand it—I am required to concede that there is absolutely no intellectual frontier separating Man and the Unrevealed Creatures?

O.M. That is what you are required to concede. There is no such frontier—there is no way to get around that. Man has a finer and more capable machine in him than those others, but it is the same machine and works in the same way. And neither he nor those others can command the machine—it is strictly automatic, independent of control, works when it pleases, and when it doesn't please, it can't be forced.

Y.M. Then man and the other animals are all alike, as to mental machinery, and there isn't any difference of any stupendous magnitude between them, except in quality, not in kind.

O.M. That is about the state of it—intellectuality. There are pronounced limitations on both sides. We can't learn to understand much of their language, but the dog, the elephant, etc., learn to understand a very great deal of ours. To that extent they are our superiors. On the other hand, they can't learn reading, writing, etc., nor any of our fine and high things, and there we have a large advantage over them.

Y.M. Very well, let them have what they've got, and welcome; there is still a wall, and a lofty one. They haven't got the Moral Sense; we have it, and it lifts us immeasurably above them.

O.M. What makes you think that?

Y.M. Now look here—let's call a halt. I have stood the other infamies and insanities and that is enough; I am not going to have man and the other animals put on the same level morally.

O.M. I wasn't going to hoist man up to that.

Y.M. This is too much! I think it is not right to jest about such things.

O.M. I am not jesting, I am merely reflecting a plain and simple truth—and without uncharitableness. The fact that man knows right from wrong proves his INTELLECTUAL superiority to the other creatures; but the fact that he can DO wrong proves his MORAL inferiority to any creature that CANNOT. It is my belief that this position is not assailable.

Free Will

Y.M. What is your opinion regarding Free Will?

O.M. That there is no such thing. Did the man possess it who gave the old woman his last shilling and trudged home in the storm?

Y.M. He had the choice between succoring the old woman and leaving her to suffer. Isn't it so?

O.M. Yes, there was a choice to be made, between bodily comfort on the one hand and the comfort of the spirit on the other. The body made a strong appeal, of course—the body would be quite sure to do that; the spirit made a counter appeal. A choice had to be made between the two appeals, and was made. Who or what determined that choice?

Y.M. Any one but you would say that the man determined it, and that in doing it he exercised Free Will.

O.M. We are constantly assured that every man is endowed with Free Will, and that he can and must exercise it where he is offered a choice between good conduct and less-good conduct. Yet we clearly saw that in that man's case he really had no Free Will: his temperament, his training, and the daily influences which had molded him and made him what he was, COMPELLED him to rescue the old woman and thus save HIMSELF—save himself from spiritual pain, from unendurable wretchedness. He did not make the choice, it was made FOR him by forces which he could not control. Free Will has always existed in WORDS, but it stops there, I think—stops short of FACT. I would not use those words—Free Will—but others.

Y.M. What others?

O.M. Free Choice.

Y.M. What is the difference?

O.M. The one implies untrammeled power to ACT as you please, the other implies nothing beyond a mere MENTAL PROCESS: the critical ability to determine which of two things is nearest right and just.

Y.M. Make the difference clear, please.

O.M. The mind can freely SELECT, CHOOSE, POINT OUT the right and just one—its function stops there. It can go no further in the matter. It has no authority to say that the right one shall be acted upon and the wrong one discarded. That authority is in other hands.

Y.M. The man's?

O.M. In the machine which stands for him. In his born disposition and the character which has been built around it by training and environment.

Y.M. It will act upon the right one of the two?

O.M. It will do as it pleases in the matter. George Washington's machine would act upon the right one; Pizarro would act upon the wrong one.

Y.M. Then as I understand it a bad man's mental machinery calmly and judicially points out which of two things is right and just—

O.M. Yes, and his MORAL machinery will freely act upon the other or the other, according to its make, and be quite indifferent to the MIND'S feeling concerning the matter—that is, WOULD be, if the mind had any feelings; which it hasn't. It is merely a thermometer: it registers the heat and the cold, and cares not a farthing about either.

Y.M. Then we must not claim that if a man KNOWS which of two things is right he is absolutely BOUND to do that thing?

O.M. His temperament and training will decide what he shall do, and he will do it; he cannot help himself, he has no authority over the mater. Wasn't it right for David to go out and slay

Goliath?

Y.M. Yes.

O.M. Then it would have been equally RIGHT for any one else to do it?

Y.M. Certainly.

O.M. Then it would have been RIGHT for a born coward to attempt it?

Y.M. It would—yes.

O.M. You know that no born coward ever would have attempted it, don't you?

Y.M. Yes.

O.M. You know that a born coward's make and temperament would be an absolute and insurmountable bar to his ever essaying such a thing, don't you?

Y.M. Yes, I know it.

O.M. He clearly perceives that it would be RIGHT to try it?

Y.M. Yes.

O.M. His mind has Free Choice in determining that it would be RIGHT to try it?

Y.M. Yes.

O.M. Then if by reason of his inborn cowardice he simply can NOT essay it, what becomes of his Free Will? Where is his Free Will? Why claim that he has Free Will when the plain facts show that he hasn't? Why content that because he and David SEE the right alike, both must ACT alike? Why impose the same laws upon goat and lion?

Y.M. There is really no such thing as Free Will?

O.M. It is what I think. There is WILL. But it has nothing to do with INTELLECTUAL PERCEPTIONS OF RIGHT AND WRONG, and is not under their command. David's temperament and training had Will, and it was a compulsory force; David had to obey its decrees, he had no choice. The coward's temperament and training possess Will, and IT is compulsory; it commands him to avoid danger, and he obeys, he has no choice. But neither the Davids nor the cowards possess Free Will—will that may do the right or do the wrong, as their MENTAL verdict shall decide.

Not Two Values, But Only One

Y.M. There is one thing which bothers me: I can't tell where you draw the line between MATERIAL covetousness and SPIRITUAL covetousness.

O.M. I don't draw any.

Y.M. How do you mean?

O.M. There is no such thing as MATERIAL covetousness. All covetousness is spiritual.

Y.M. ALL longings, desires, ambitions SPIRITUAL, never material?

O.M. Yes. The Master in you requires that in ALL cases you shall content his SPIRIT—that alone. He never requires anything else, he never interests himself in any other matter.

Y.M. Ah, come! When he covets somebody's money—isn't that rather distinctly material and gross?

O.M. No. The money is merely a symbol—it represents in visible and concrete form a SPIRITUAL DESIRE. Any so-called material thing that you want is merely a symbol: you want it not for ITSELF, but because it will content your spirit for the moment.

Y.M. Please particularize.

O.M. Very well. Maybe the thing longed for is a new hat. You get it and your vanity is pleased, your spirit contented. Suppose your friends deride the hat, make fun of it: at once it loses its value; you are ashamed of it, you put it out of your sight, you never want to see it again.

Y.M. I think I see. Go on.

O.M. It is the same hat, isn't it? It is in no way altered. But it wasn't the HAT you wanted, but only what it stood for—a something to please and content your SPIRIT. When it failed of that, the whole of its value was gone. There are no MATERIAL values; there are only spiritual ones. You will hunt in vain for a material value that is ACTUAL, REAL—there is no such thing. The only value it possesses, for even a moment, is the spiritual value back of it: remove that end and it is at once worthless—like the hat.

Y.M. Can you extend that to money?

O.M. Yes. It is merely a symbol, it has no MATERIAL value; you think you desire it for its own sake, but it is not so. You desire it for the spiritual content it will bring; if it fail of that, you discover that its value is gone. There is that pathetic tale of the man who labored like a slave, unresting, unsatisfied, until he had accumulated a fortune, and was happy over it, jubilant about it; then in a single week a pestilence swept away all whom he held dear and left him desolate. His money's value was gone. He realized that his joy in it came not from the money itself, but from the spiritual contentment he got out of his family's enjoyment of the pleasures and delights it lavished upon them. Money has no MATERIAL value; if you remove its spiritual value nothing is left but dross. It is so with all things, little or big, majestic or trivial—there are no exceptions. Crowns, scepters, pennies, paste jewels, village notoriety, world-wide fame—they are all the same, they have no MATERIAL value: while they content the SPIRIT they are precious, when this fails they are worthless.

A Difficult Question

Y.M. You keep me confused and perplexed all the time by your elusive terminology. Sometimes you divide a man up into two or three separate personalities, each with authorities, jurisdictions, and responsibilities of its own, and when he is in that condition I can't grasp it. Now when I speak of a man, he is THE WHOLE THING IN ONE, and easy to hold and contemplate.

O.M. That is pleasant and convenient, if true. When you speak of "my body" who is the "my"?

Y.M. It is the "me."

O.M. The body is a property then, and the Me owns it. Who is the Me?

Y.M. The Me is THE WHOLE THING; it is a common property; an undivided ownership, vested in the whole entity.

O.M. If the Me admires a rainbow, is it the whole Me that admires it, including the hair, hands, heels, and all?

Y.M. Certainly not. It is my MIND that admires it.

O.M. So YOU divide the Me yourself. Everybody does; everybody must. What, then, definitely, is the Me?

Y.M. I think it must consist of just those two parts—the body and the mind.

O.M. You think so? If you say "I believe the world is round," who is the "I" that is speaking?

Y.M. The mind.

O.M. If you say "I grieve for the loss of my father," who is the "I"?

Y.M. The mind.

O.M. Is the mind exercising an intellectual function when it examines and accepts the evidence that the world is round?

Y.M. Yes.

O.M. Is it exercising an intellectual function when it grieves for the loss of your father?

Y.M. That is not cerebration, brain-work, it is a matter of

FEELING.

O.M. Then its source is not in your mind, but in your MORAL territory?

Y.M. I have to grant it.

O.M. Is your mind a part of your PHYSICAL equipment?

Y.M. No. It is independent of it; it is spiritual.

O.M. Being spiritual, it cannot be affected by physical influences?

Y.M. No.

O.M. Does the mind remain sober with the body is drunk?

Y.M. Well—no.

O.M. There IS a physical effect present, then?

Y.M. It looks like it.

O.M. A cracked skull has resulted in a crazy mind. Why should it happen if the mind is spiritual, and INDEPENDENT of physical influences?

Y.M. Well—I don't know.

O.M. When you have a pain in your foot, how do you know it?

Y.M. I feel it.

O.M. But you do not feel it until a nerve reports the hurt to the brain. Yet the brain is the seat of the mind, is it not?

Y.M. I think so.

O.M. But isn't spiritual enough to learn what is happening in the outskirts without the help of the PHYSICAL messenger? You perceive that the question of who or what the Me is, is not a simple one at all. You say "I admire the rainbow," and "I believe the world is round," and in these cases we find that the Me is not speaking, but only the MENTAL part. You say, "I grieve," and again the Me is not all speaking, but only the MORAL part. You say the mind is wholly spiritual; then you say "I have a pain" and find that this time the Me is mental AND spiritual combined. We all use the "I" in this indeterminate fashion, there is no help for it. We imagine a Master and King over what you call The Whole Thing, and we speak of him as "I," but when we try to define him we find we cannot do it. The intellect and the feelings can act quite INDEPENDENTLY of each other; we recognize that, and we look around for a Ruler who is master over both, and can serve as a DEFINITE AND INDISPUTABLE "I," and enable us to know what we mean and who or what we are talking about when we use that pronoun, but we have to give it up and confess that we cannot find him. To me, Man is a machine, made up of many mechanisms, the moral and mental ones acting automatically in accordance with the impulses of an interior Master who is built out of born-temperament and an accumulation of multitudinous outside influences and trainings; a machine whose ONE function is to secure the spiritual contentment of the Master, be his desires good or be they evil; a machine whose Will is absolute and must be obeyed, and always IS obeyed.

Y.M. Maybe the Me is the Soul?

O.M. Maybe it is. What is the Soul?

Y.M. I don't know.

O.M. Neither does any one else.

The Master Passion

Y.M. What is the Master?—or, in common speech, the Conscience? Explain it.

O.M. It is that mysterious autocrat, lodged in a man, which compels the man to content its desires. It may be called the Master Passion—the hunger for Self-Approval.

Y.M. Where is its seat?

O.M. In man's moral constitution.

Y.M. Are its commands for the man's good?

O.M. It is indifferent to the man's good; it never concerns itself about anything but the satisfying of its own desires. It can be TRAINED to prefer things which will be for the man's good, but it will prefer them only because they will content IT better than other things would.

Y.M. Then even when it is trained to high ideals it is still looking out for its own contentment, and not for the man's good.

O.M. True. Trained or untrained, it cares nothing for the man's good, and never concerns itself about it.

Y.M. It seems to be an IMMORAL force seated in the man's moral constitution.

O.M. It is a COLORLESS force seated in the man's moral constitution. Let us call it an instinct—a blind, unreasoning instinct, which cannot and does not distinguish between good morals and bad ones, and cares nothing for results to the man provided its own contentment be secured; and it will ALWAYS secure that.

Y.M. It seeks money, and it probably considers that that is an advantage for the man?

O.M. It is not always seeking money, it is not always seeking power, nor office, nor any other MATERIAL advantage. In ALL cases it seeks a SPIRITUAL contentment, let the MEANS be what they may. Its desires are determined by the man's temperament — and it is lord over that. Temperament, Conscience, Susceptibility, Spiritual Appetite, are, in fact, the same thing. Have you ever heard of a person who cared nothing for money?

Y.M. Yes. A scholar who would not leave his garret and his books to take a place in a business house at a large salary.

O.M. He had to satisfy his master — that is to say, his temperament, his Spiritual Appetite — and it preferred books to money. Are there other cases?

Y.M. Yes, the hermit.

O.M. It is a good instance. The hermit endures solitude, hunger, cold, and manifold perils, to content his autocrat, who prefers these things, and prayer and contemplation, to money or to any show or luxury that money can buy. Are there others?

Y.M. Yes. The artist, the poet, the scientist.

O.M. Their autocrat prefers the deep pleasures of these

occupations, either well paid or ill paid, to any others in the market, at any price. You REALIZE that the Master Passion—the contentment of the spirit—concerns itself with many things besides so-called material advantage, material prosperity, cash, and all that?

Y.M. I think I must concede it.

O.M. I believe you must. There are perhaps as many Temperaments that would refuse the burdens and vexations and distinctions of public office as there are that hunger after them. The one set of Temperaments seek the contentment of the spirit, and that alone; and this is exactly the case with the other set. Neither set seeks anything BUT the contentment of the spirit. If the one is sordid, both are sordid; and equally so, since the end in view is precisely the same in both cases. And in both cases Temperament decides the preference—and Temperament is BORN, not made.

Conclusion

O.M. You have been taking a holiday?

Y.M. Yes; a mountain tramp covering a week. Are you ready to talk?

O.M. Quite ready. What shall we begin with?

Y.M. Well, lying abed resting up, two days and nights, I have thought over all these talks, and passed them carefully in review. With this result: that... that... are you intending to publish your notions about Man some day?

O.M. Now and then, in these past twenty years, the Master inside of me has half-intended to order me to set them to paper and publish them. Do I have to tell you why the order has remained unissued, or can you explain so simply a thing without my help?

Y.M. By your doctrine, it is simplicity itself: outside influences moved your interior Master to give the order; stronger outside influences deterred him. Without the outside influences, neither of these impulses could ever have been born, since a person's brain is incapable or originating an idea within itself.

O.M. Correct. Go on.

Y.M. The matter of publishing or withholding is still in your Master's hands. If some day an outside influence shall determine him to publish, he will give the order, and it will be obeyed.

O.M. That is correct. Well?

Y.M. Upon reflection I have arrived at the conviction that the publication of your doctrines would be harmful. Do you pardon me?

O.M. Pardon YOU? You have done nothing. You are an instrument—a speaking-trumpet. Speaking-trumpets are not responsible for what is said through them. Outside influences— in the form of lifelong teachings, trainings, notions, prejudices, and other second-hand importations—have persuaded the Master within you that the publication of these doctrines would be harmful. Very well, this is quite natural, and was to be expected; in fact, was inevitable. Go on; for the sake of ease and convenience, stick to habit: speak in the first person, and tell me what your Master thinks about it.

Y.M. Well, to begin: it is a desolating doctrine; it is not inspiring, enthusing, uplifting. It takes the glory out of man, it takes the pride out of him, it takes the heroism out of him, it denies him all personal credit, all applause; it not only degrades him to a machine, but allows him no control over the machine; makes a mere coffee-mill of him, and neither permits him to supply the coffee nor turn the crank, his sole and piteously humble function being to grind coarse or fine, according to his make, outside impulses doing the rest.

O.M. It is correctly stated. Tell me—what do men admire most in each other?

Y.M. Intellect, courage, majesty of build, beauty of countenance, charity, benevolence, magnanimity, kindliness, heroism, and—and—

O.M. I would not go any further. These are ELEMENTALS. Virtue, fortitude, holiness, truthfulness, loyalty, high ideals—these, and all the related qualities that are named in the dictionary, are MADE OF THE ELEMENTALS, by blendings, combinations, and shadings of the elementals, just as one makes green by blending blue and yellow, and makes several shades and tints of red by modifying the elemental red. There are

several elemental colors; they are all in the rainbow; out of them
we manufacture and name fifty shades of them. You have named
the elementals of the human rainbow, and also one BLEND—
heroism, which is made out of courage and magnanimity. Very
well, then; which of these elements does the possessor of it
manufacture for himself? Is it intellect?

Y.M. No.

O.M. Why?

Y.M. He is born with it.

O.M. Is it courage?

Y.M. No. He is born with it.

O.M. Is it majesty of build, beauty of countenance?

Y.M. No. They are birthrights.

O.M. Take those others—the elemental moral qualities—charity,
benevolence, magnanimity, kindliness; fruitful seeds, out of
which spring, through cultivation by outside influences, all the
manifold blends and combinations of virtues named in the
dictionaries: does man manufacture any of those seeds, or are
they all born in him?

Y.M. Born in him.

O.M. Who manufactures them, then?

Y.M. God.

O.M. Where does the credit of it belong?

Y.M. To God.

O.M. And the glory of which you spoke, and the applause?

Y.M. To God.

O.M. Then it is YOU who degrade man. You make him claim glory, praise, flattery, for every valuable thing he possesses— BORROWED finery, the whole of it; no rag of it earned by himself, not a detail of it produced by his own labor. YOU make man a humbug; have I done worse by him?

Y.M. You have made a machine of him.

O.M. Who devised that cunning and beautiful mechanism, a man's hand?

Y.M. God.

O.M. Who devised the law by which it automatically hammers out of a piano an elaborate piece of music, without error, while the man is thinking about something else, or talking to a friend?

Y.M. God.

O.M. Who devised the blood? Who devised the wonderful machinery which automatically drives its renewing and refreshing streams through the body, day and night, without assistance or advice from the man? Who devised the man's mind, whose machinery works automatically, interests itself in what it pleases, regardless of its will or desire, labors all night when it likes, deaf to his appeals for mercy? God devised all these things. I have not made man a machine, God made him a machine. I am merely calling attention to the fact, nothing more. Is it wrong to call attention to the fact? Is it a crime?

Y.M. I think it is wrong to EXPOSE a fact when harm can come of it.

O.M. Go on.

Y.M. Look at the matter as it stands now. Man has been taught that he is the supreme marvel of the Creation; he believes it; in all the ages he has never doubted it, whether he was a naked savage, or clothed in purple and fine linen, and civilized. This has made his heart buoyant, his life cheery. His pride in himself, his sincere admiration of himself, his joy in what he supposed were his own and unassisted achievements, and his exultation over the praise and applause which they evoked—these have exalted him, enthused him, ambitioned him to higher and higher flights; in a word, made his life worth the living. But by your scheme, all this is abolished; he is degraded to a machine, he is a nobody, his noble prides wither to mere vanities; let him strive as he may, he can never be any better than his humblest and stupidest neighbor; he would never be cheerful again, his life would not be worth the living.

O.M. You really think that?

Y.M. I certainly do.

O.M. Have you ever seen me uncheerful, unhappy.

Y.M. No.

O.M. Well, I believe these things. Why have they not made me unhappy?

Y.M. Oh, well—temperament, of course! You never let THAT escape from your scheme.

O.M. That is correct. If a man is born with an unhappy temperament, nothing can make him happy; if he is born with a happy temperament, nothing can make him unhappy.

Y.M. Wha—not even a degrading and heart-chilling system of beliefs?

O.M. Beliefs? Mere beliefs? Mere convictions? They are powerless. They strive in vain against inborn temperament.

Y.M. I can't believe that, and I don't.

O.M. Now you are speaking hastily. It shows that you have not studiously examined the facts. Of all your intimates, which one is the happiest? Isn't it Burgess?

Y.M. Easily.

O.M. And which one is the unhappiest? Henry Adams?

Y.M. Without a question!

O.M. I know them well. They are extremes, abnormals; their temperaments are as opposite as the poles. Their life-histories are about alike—but look at the results! Their ages are about the same—about around fifty. Burgess had always been buoyant, hopeful, happy; Adams has always been cheerless, hopeless, despondent. As young fellows both tried country journalism— and failed. Burgess didn't seem to mind it; Adams couldn't smile, he could only mourn and groan over what had happened and torture himself with vain regrets for not having done so and so instead of so and so—THEN he would have succeeded. They tried the law—and failed. Burgess remained happy—because he couldn't help it. Adams was wretched—because he couldn't help it. From that day to this, those two men have gone on trying things and failing: Burgess has come out happy and cheerful every time; Adams the reverse. And we do absolutely know that these men's inborn temperaments have remained unchanged through all the vicissitudes of their material affairs. Let us see how it is with their immaterials. Both have been zealous Democrats; both have been zealous Republicans; both have been zealous Mugwumps. Burgess has always found happiness and Adams unhappiness in these several political beliefs and in their migrations out of them. Both of these men have been Presbyterians, Universalists, Methodists, Catholics—then Presbyterians again, then Methodists again. Burgess has always found rest in these excursions, and Adams unrest. They are trying Christian Science, now, with the customary result, the inevitable result. No political or religious belief can make Burgess unhappy or the other man happy. I assure you it is purely a matter of temperament. Beliefs are ACQUIREMENTS, temperaments are BORN; beliefs are subject to change, nothing whatever can change temperament.

Y.M. You have instanced extreme temperaments.

O.M. Yes, the half-dozen others are modifications of the extremes. But the law is the same. Where the temperament is two-thirds happy, or two-thirds unhappy, no political or religious beliefs can change the proportions. The vast majority of temperaments are pretty equally balanced; the intensities are absent, and this enables a nation to learn to accommodate itself to its political and religious circumstances and like them, be satisfied with them, at last prefer them. Nations do not THINK, they only FEEL. They get their feelings at second hand through their temperaments, not their brains. A nation can be brought— by force of circumstances, not argument—to reconcile itself to ANY KIND OF GOVERNMENT OR RELIGION THAT CAN BE DEVISED; in time it will fit itself to the required conditions; later, it will prefer them and will fiercely fight for them. As instances, you have all history: the Greeks, the Romans, the Persians, the Egyptians, the Russians, the Germans, the French, the English, the Spaniards, the Americans, the South Americans, the Japanese, the Chinese, the Hindus, the Turks—a thousand wild and tame religions, every kind of government that can be thought of, from tiger to house-cat, each nation KNOWING it has the only true religion and the only sane system of government, each despising all the others, each an ass and not suspecting it, each proud of its fancied supremacy, each perfectly sure it is the pet of God, each without undoubting confidence summoning Him to take command in time of war, each surprised when He goes over to the enemy, but by habit able to excuse it and resume compliments—in a word, the whole human race content, always content, persistently content, indestructibly content, happy, thankful, proud, NO MATTER WHAT ITS RELIGION IS, NOR

WHETHER ITS MASTER BE TIGER OR HOUSE-CAT. Am I stating facts? You know I am. Is the human race cheerful? You know it is. Considering what it can stand, and be happy, you do me too much honor when you think that I can place before it a system of plain cold facts that can take the cheerfulness out of it. Nothing can do that. Everything has been tried. Without success. I beg you not to be troubled.

1835년(1세) 본명은 새뮤얼 랭혼 클레멘스(Samuel Langhorne Clemens)로 11월 30일, 미주리 주에서 치안판사인 존 마셜 클레멘스와 제인 램프턴의 4남 3녀 중 다섯째로 태어나다.

1939년(4세) 11월, 미시시피 강 서쪽 해니벌로 이주하여 이곳에서 어린 시절을 보내다.

1947년(12세) 3월, 아버지 존 마셜 클레멘스가 사망하다. 새뮤얼은 다니던 학교를 그만두고 지방의 인쇄소에서 견습 식자공 노릇을 하다.

1948년(13세) 지방 신문《쿠리어》에 식자공으로 취직하여 신문사 일을 배우다.

1850년(15세) 맏형 오라이언이 경영하는 신문사에서 식자공 노릇을 하며 글을 발표하기 시작하다.

1852년(17세) 5월, 보스턴의 주간 유머신문〈여행가방〉에〈산 사람을 위협한 댄디의 이야기〉라는 콩트를 싣다.

1853년(18세) 6월, 신문사를 그만두고 세인트루이스, 뉴욕, 필라델피아에서 신문사의 견습기자가 되다.

1857년(22세) 오하이오 주 신시내티에 머물고 있는 동안 맥팔린이라는 스코틀랜드 사람으로부터 찰스 다윈의 진화론을 듣고 감명받다. 4월, 뉴올리언스에서 남아메리카로 가는 기선을 타고 미시시피 강을 따라 내려가던 중 수로 안내인 훈련을 받다.

1858년(23세) 화물선에서 수로 안내인 노릇을 하다. 9월, 정식으로 수로 안내인 면허를 받다.

1861년(26세) 남북전쟁이 발발해 미시시피 강 수로가 두절되어 수로 안내인 일을 그만두다. 6월, 해니벌로 돌아와 민병대에 참가하다. 7월, 네바다 주의 서기관으로 있던 형 오라이언의 개인비서 자격으로 서부로 가다. 이 무렵 여러 지방신문에 글을 기고하다.

1863년(29세) 샌프란시스코에서 신문기자가 되다. 서부에서 활약 중이던 F. B. 하트, 아테머스 워드 등의 문인들과 교제하다.

1866년(31세) 3월, 샌드위치 군도를 여행하다.

1867년(32세) 1월, 서부 생활을 모두 끝내고 뉴욕에 도착하다. 5월, 단편집《캘리베러스 군郡의 명물 뛰어오르는 개구리The Celebrated Jumping Frog of Calaveras County》를 출간하다. 6월, 특파원 자격으로 유럽 성지 관광 여행단과 함께 유럽을 여행하다.

1868년(33세) 8월, 뉴욕의 랭던 집안을 방문하여 장차 부인이 될 올리비어를 만나다.

1869년(34세) 2월, 랭던 집안의 반대를 무릅쓰고 올리비어와 약혼하다. 7월, 《철부지의 해외 여행기The Innocents Abroad》를 출간하다. 8월, 뉴욕 주 버팔로의 신문 〈익스프레스〉를 인수하다. 10월, 보스턴에서 강연하던 중 〈어틀랜틱 몬슬리〉 지의 부주필이던 소설가 윌리엄 딘 하월스를 처음 만나다.

1970년(35세) 2월, 올리비어와 결혼하여 버팔로에 정착하다. 11월, 장남 랭던 클레멘스 출생하다.

1871년(36세) 4월, 〈익스프레스〉 지를 팔고, 뉴욕에 잠시 기거하다. 10월, 커네티컷 주의 하트퍼드로 이사하다.

1872년(37세) 3월, 장녀 올리비어 수전 출생하다. 8월, 영국으로 건너가다.

1873년(38세) 가족을 데리고 다시 영국으로 건너가다. 12월, C. D. 워너와 함께 쓴 《도금시대*The Gilded Age*》를 출간하다.

1874년(39세) 6월, 둘째딸 클레러 출생하다. 9월, 《도금시대》를 극화하여 뉴욕에서 상연하였으나 실패하다.

1875년(40세) 1월, 〈어틀랜틱 몬슬리〉 지에 〈미시시피 강의 생활*Life on the Mississippi*〉을 연재하기 시작하다.

1876년(41세) 12월, 《톰 소여의 모험*The Adventures of Tom Sawyer*》을 출간하다.

1878년(43세) 4월, 가족과 함께 독일을 여행하다.

1880년(45세) 7월, 셋째딸 진 태어나다.

1882년(47세) 1월, 《왕자와 거지*The Prince and the Pauper*》를 출간하다.

1883년(48세) 5월, 《미시시피 강의 생활*Life on the Mississippi*》을 출간하다.

1884년(49세) 12월, 《허클베리 핀의 모험*The Adventures of Huckleberry Finn*》을 영국과 캐나다에서 출간하다.

1885년(50세) 2월, 미국판 《허클베리 핀의 모험*The Adventures of Huckleberry Finn*》을 출간하다.

1889년(54세) 12월, 《아서왕 궁정의 코네티컷 양키*A Connecticut Yankee in King Arthur's Court*》를 출간하다.

1891년(56세) 6월, 하트퍼드의 자택을 처분하고 유럽 여행을 떠나다.

1894년(59세) 4월, 친척 찰스 L. 웹스터와 함께 경영하던 웹스터 출판사가 도산하다. 《멍텅구리 윌슨*The Tragedy of Pudd'nhead Wilson*》을 출간하다.

1895년(60세) 5월, 가족과 함께 귀국하여 빚을 갚기 위해 세계일주 강연 여행을 떠나다.

1897년(62세) 12월, 강연 여행기 《적도를 따라*Following the Equator*》를 출간하다.

1901년(66세) 미국 예일대학에서 명예 문학박사 학위를 받다.

1904년(69세) 6월, 아내 올리비어가 사망하다.

1906년(71세) 앨버트 B. 페인의 전기 집필 제의를 받아들여 구술하기 시작하다. 6월, 《이브의 일기 *Eve's Diary*》, 8월, 《인간이란 무엇인가 *What is Man?*》를 출간하다.

1907년(72세) 6월, 영국 옥스퍼드 대학에서 명예 문학박사 학위를 받다.

1908년(73세) 4월 21일, 코네티컷 주 레딩에서 사망하다.

What is Man

인간이란 무엇인가

초판 1쇄 인쇄일 | 2020년 9월 21일
초판 1쇄 발행일 | 2020년 9월 25일

....

지은이   마크 트웨인
옮긴이   노영선
펴낸이   하태복

....

펴낸곳   이가서
주소   경기도 고양시 일산서구 주엽동 81 뉴서울프라자 2층 40호
전화   031) 905-3593
팩스   031) 905-3009
등록번호 제10-2539호

....

ISBN   987-89-5864-331-9 03330

＊가격은 뒷표지에 있습니다.
＊잘못된 책은 구입처에서 바꾸어드립니다.